LA ÚLTIMA
LECCIÓN

LA ÚLTIMA
LECCIÓN

Randy Pausch
con
Jeffrey Zaslow

Traducción de
Cruz Rodríguez Juiz

Grijalbo

El papel utilizado para la impresión de este libro ha sido fabricado a partir de madera procedente de bosques y plantaciones gestionadas con los más altos estándares ambientales, lo que garantiza una explotación de los recursos sostenible con el medio ambiente y beneficiosa para las personas.

Por este motivo, Greenpeace acredita que este libro cumple los requisitos ambientales y sociales necesarios para ser considerado un libro «amigo de los bosques». El proyecto «libros amigos de los bosques» promueve la conservación y el uso sostenible de los bosques, en especial de los bosques primarios, los últimos bosques vírgenes del planeta.

FSC
Fuentes Mixtas
Grupo de producto de bosques bien gestionados y otras fuentes controladas.
www.fsc.org Cert no. EUR-COC-060705

Título original: *The Last Lecture*

Primera edición: septiembre, 2008

Todas las imágenes son cortesía del autor, con excepción de las fotografías de las páginas 17 y 219, de Kristi A. Rines para Hobbs Studio, Chesapeake, Virginia.

Printed in Spain – Impreso en España

ISBN: 978-84-253-4250-9
Depósito legal: B. 30.098-2008

Fotocomposición: Revertext, S. L.
Impreso y encuadernado en Printer

GR 42509

Con agradecimiento a mis padres por permitirme soñar
y con esperanza por los sueños que tendrán mis hijos

Índice

Introducción

Tengo un problema de ingeniería.

Si bien en general me encuentro en un estado de forma estupendo, tengo diez tumores en el hígado y solo me quedan unos meses de vida.

Soy padre de tres niños pequeños y estoy casado con la mujer de mis sueños. Aunque me resultaría fácil compadecerme de mí mismo, no les haría ningún bien, ni a ellos ni a mí.

De modo que ¿a qué dedico el tiempo tan limitado que me queda?

La parte evidente es la que consiste en estar con la familia y cuidar de ella. Ahora que todavía puedo, disfruto de cada momento que paso con ellos y me encargo de los detalles logísticos necesarios para allanarles el camino para una vida sin mí.

La parte menos evidente es cómo enseñarles a mis hijos lo que les hubiera debido enseñar a lo largo de los próximos veinte años. Son demasiado pequeños para esas conversaciones. Todos los padres quieren enseñarles a sus hijos la diferencia entre el bien y el mal, lo que es importante de verdad y cómo enfrentarse a los retos que les planteará la vida. También queremos que conozcan anécdotas de nuestras vidas, a menudo para mostrarles cómo vivir las suyas propias. Mis deseos en ese sentido me impulsaron a dar una «última lección» en la Carnegie Mellon University.

Esas lecciones siempre se graban en vídeo. El día que di la mía tenía claro lo que hacía. Con la excusa de una charla académica, intentaba meterme en una botella que algún día la marea dejaría en la playa para mis hijos. De haber sido pintor, les habría dejado una pintura. De haber sido músico, habría compuesto música. Pero soy profesor. Así que di una clase.

Hablé de la alegría de vivir, de cuánto valoraba la vida incluso a pesar de que me quedara tan poca. Hablé sobre la honradez, la integridad, la gratitud y otras cosas que aprecio. Y me esforcé muchísimo en no resultar aburrido.

Para mí este libro significa un modo de continuar lo que empecé sobre aquel escenario. Como el tiempo es precioso y quiero pasar todo el que pueda con mis hijos, le pedí ayuda a Jeffrey Zaslow. Cada día me doy un paseo en bicicleta por el barrio porque el ejercicio es crucial para mi salud. Así que hablé con Jeff por los auriculares del móvil durante cincuenta y tres largos paseos en bici. Luego él invirtió innumerables horas en ayudarme a transformar mis historias —supongo que cabría llamarlas cincuenta y tres «lecciones»— en el libro que sigue a continuación.

Desde el principio supimos que nada de todo esto puede reemplazar a un padre vivo. Pero la ingeniería no trata de soluciones perfectas, sino de hacerlo lo mejor posible con recursos limitados. Tanto la charla como este libro representan mi intento de conseguir exactamente eso.

I

LA ÚLTIMA LECCIÓN

I

Un león herido todavía quiere rugir

Muchos profesores dan charlas tituladas «La última lección». Tal vez hayáis presenciado alguna.

Se ha convertido en un ejercicio habitual en los campus universitarios. Se les pide a los profesores que se enfrenten a su desaparición y mediten acerca de lo que consideran más importante. Y mientras hablan, el público no puede evitar plantearse siempre la misma pregunta: ¿Qué le enseñaríamos nosotros al mundo si supiéramos que es nuestra última oportunidad de hacerlo? Si tuviéramos que desaparecer mañana, ¿qué querríamos dejar como legado?

Durante años Carnegie Mellon organizó un «Ciclo de últimas lecciones». Pero cuando los organizadores me propusieron participar, habían rebautizado el ciclo con el nombre de «Viajes» y pedían a los profesores seleccionados que «reflexionaran acerca de su trayectoria personal y profesional». No me pareció la más apasionante de las descripciones, pero acepté la propuesta. Me hicieron hueco para septiembre.

Por entonces ya me habían diagnosticado un cáncer de páncreas, pero era optimista. Quizá me encontrara entre los pocos afortunados que logran sobrevivir.

Mientras yo recibía tratamiento, los encargados del ciclo de conferencias no paraban de enviarme correos electrónicos. Me preguntaban de qué pensaba hablar o me pedían que les mandara un resumen. El mundo académico implica ciertas formalidades imposibles de eludir, ni siquiera si uno está ocupado en otros asuntos como, por ejemplo, intentar no morirse. A mediados de agosto me informaron de que había que imprimir un cartel de la conferencia y que, por tanto, debía elegir el tema.

Sin embargo, esa misma semana recibía la noticia de que el último tratamiento no había funcionado. Solo me quedaban unos meses de vida.

Sabía que podía cancelar la charla. Todos lo entenderían. De pronto, tenía que ocuparme de otras muchas cosas. Tenía que enfrentarme a mi dolor y la tristeza de los que me querían. Tenía que dedicarme a poner en orden los asuntos de la familia. Y no obstante, pese a todo, no me quitaba de encima la idea de dar la conferencia. Pensar en dar una última lección que de verdad fuera la última me llenaba de energía. ¿Qué podía decir? ¿Cómo sería recibida? ¿Sería capaz de soportarla?

Le conté a mi mujer, Jai, que podía echarme atrás, pero que quería seguir adelante.

Jai (pronunciado *Yei*) siempre había sido mi animadora particular. Cuando yo me entusiasmaba por algo, ella también se entusiasmaba. Pero esta idea de la última lección le despertaba cierto recelo. Acabábamos de mudarnos de Pittsburgh al sureste de Virginia para que a mi muerte Jai y los niños estuvieran cerca de la familia de mi mujer. Jai consideraba que yo debía pasar el poco tiempo que me quedaba con los niños o arreglando la

Logan, Chloe, Jai, yo y Dylan.

casa nueva en lugar de dedicar mis horas a preparar la conferencia y volver luego a Pittsburgh para dar la charla.

«Llámame egoísta —me dijo—, pero lo quiero todo de ti. Cualquier rato que pases trabajando en esa conferencia será tiempo perdido, porque será un tiempo que pasarás lejos de los niños y de mí.»

Comprendí lo que se proponía mi mujer. Desde que había enfermado, me había prometido a mí mismo respetar los deseos de Jai. Consideraba mi misión hacer cuanto estuviera en mi mano por aliviar el peso que mi enfermedad había traído a su vida. Por eso pasaba gran parte de las horas del día poniendo en orden el futuro de la familia sin mí. Con todo, no lograba quitarme el gusanillo de dar esa última conferencia.

A lo largo de mi carrera académica he dado algunas conferencias bastante buenas. Pero que te consideren el mejor conferenciante de un departamento de ciencias informáticas es como alcanzar la fama por ser el más alto de los Siete Enanitos. Y por entonces sentía que todavía me quedaban muchas cosas dentro, que si ponía todo mi empeño, tal vez fuera capaz de ofrecerle a la gente algo especial. «Sabiduría» es una palabra demasiado fuerte, pero se acerca a la que busco.

A Jai seguía sin gustarle la idea. Al final planteamos la cuestión a Michele Reiss, la psicoterapeuta a la que acudíamos desde hacía unos meses. Está especializada en ayudar a familias en que uno de los miembros se enfrenta a una enfermedad terminal.

«Conozco a Randy —le dijo Jai a la doctora Reiss—. Es un adicto al trabajo. Sé exactamente cómo se comportará en cuanto empiece a preparar la conferencia. Le consumirá todo su tiempo.» Para Jai la conferencia significaría una distracción innecesaria ante la abrumadora cantidad de asuntos con los que teníamos que lidiar.

Otra cuestión que preocupaba a Jai: para dar la charla tal como estaba programada, me vería obligado a volar a Pittsburgh el día antes, día en el que mi mujer cumplía cuarenta y un años. «Es el último cumpleaños que celebraremos juntos —me dijo Jai—. ¿De verdad piensas dejarme sola el día de mi cumpleaños?»

Ciertamente la perspectiva de dejarla sola ese día me resultaba dolorosa. Y sin embargo, no me sacaba la conferencia de la cabeza. La consideraba el último eslabón de mi carrera, una forma de despedirme de mi «familia laboral». También me descubrí fantaseando acerca de una última lección que fuera el equivalente en oratoria al lanzamiento de un bateador antes de retirarse que dispara la bola a las gradas más altas. Siempre me había gustado la escena final de *El mejor*, cuando Roy Hobbs, un jugador de béisbol maduro y ensangrentado, consigue un milagroso *home run*.

La doctora Reiss nos escuchó a los dos. En Jai, aseguró ver a una mujer fuerte y afectuosa que había soñado con pasar décadas construyendo una vida plena junto a su marido y criando a los hijos hasta que fueran adultos. Ahora nuestras vidas habían quedado reducidas a unos pocos meses. En mí, la doctora Reiss vio a un hombre que todavía no estaba preparado para retirarse del todo a una vida familiar ni, desde luego, para subirse al lecho de muerte. Me limité a contestarle lo siguiente: «Esa charla será la última oportunidad de verme vivo para mucha gente a la que aprecio. Tengo la ocasión de pensar en las cosas que más me importan, de cimentar la manera en que seré recordado y de marcharme haciendo algo bueno».

La doctora Reiss nos había visto más de una vez sentados juntos en el sofá de su consulta, abrazándonos con fuerza y llorando. Nos dijo que era consciente del gran respeto que nos profesábamos mutuamente y que a menudo la había conmovido enormemente nuestro empeño en pasar bien el tiempo que nos quedaba juntos. Pero creía que ella no debía inmiscuirse en si debía dar esa última lección. Eso tendríamos que decidirlo nosotros solos, y nos animó a escucharnos de verdad el uno al otro para así poder tomar la decisión adecuada para ambos.

Dadas las reticencias de Jai, yo sabía que debía analizar honradamente mis motivaciones. ¿Por qué me importaba tanto la conferencia? ¿Era un modo de recordarme y de recordar a los demás que todavía seguía vivito y coleando? ¿Un modo de demostrar que todavía tenía la fortaleza necesaria para llevarla a cabo? ¿Sería la necesidad por parte del amante de un último alarde? La respuesta a todas las preguntas era sí. Como le dije a Jai: «Un león herido todavía quiere rugir. Es cuestión de dignidad y autoestima, que no son lo mismo que la vanidad».

Además, entraban otros factores en juego. Había comenzado a considerar la charla un medio que me permitiría adentrarme en un futuro que no llegaría a ver.

Le recordé a Jai la edad de nuestros hijos: cinco, dos y uno. Le dije: «Mira. Dylan, con cinco años, supongo que de mayor tendrá algunos recuerdos de mí. Pero en realidad, ¿qué recordará? ¿Qué recordamos tú y yo de cuando teníamos cinco años? ¿Se acordará Dylan de que jugaba con él o de las cosas que nos hacían reír? En el mejor de los casos, seré un vago recuerdo.

»¿Y Logan y Chloe? Puede que no recuerden nada. Nada. En especial, Chloe. Y ten por segura una cosa, cuando los niños crezcan, pasarán por una fase en que necesitarán saber, incluso de un modo doloroso, quién era su padre y cómo era. Tal vez esta charla les ayude a descubrirlo. —Le dije a mi mujer que me aseguraría de que Carnegie Mellon grabara la conferencia—. Te conseguiré el DVD. Así, cuando los niños sean mayores, se lo podrás enseñar. Les ayudará a entender quién fui y qué cosas me importaban.»

Jai me escuchó sin interrumpir y luego me planteó la pregunta obvia: «Si hay cosas que quieres decirle a los niños o consejos que te gustaría darles, ¿por qué no colocas la cámara de vídeo en el trípode y lo grabas aquí, en el salón?».

Ahí me había pillado. O tal vez no. Como ese león en la jungla, mi hábitat natural seguía siendo el campus universitario, ante los estudiantes. «Si he aprendido algo —le respondí—, es que cuando los padres les cuentan algo a sus hijos, nunca está de más un apoyo externo. Si consigo un público que ría y aplauda en los momentos adecuados, tal vez su presencia añada peso a mis palabras.»

Jai me sonrió, a mí, su *showman* moribundo, y por fin cedió. Sabía que me había desvivido por encontrar un modo de legar algo a mis hijos. De acuerdo. Tal vez esa lección fuera un medio de conseguirlo.

Y así, obtenido el visto bueno de mi mujer, se me planteó un reto. ¿Cómo podía convertir una charla académica en algo que tuviera sentido para nuestros hijos dentro de una década o más?

Tenía muy claro que no quería que la conferencia se centrara en el cáncer. Mi historial médico era el que era y ya lo había repasado una y otra vez. No me interesaba lo más mínimo dar un discurso sobre, pongamos, cómo me había enfrentado a la enfermedad o cómo esta me había reportado nuevas perspectivas sobre la vida. Mucha gente esperaría que la conferencia tratase sobre cómo morir. Pero tenía que tratar sobre cómo vivir.

«¿Qué me hace único?»

Tal era la pregunta que me sentí empujado a plantearme.

Quizá responderla me ayudara a saber qué decir. Estaba sentado con Jai en la sala de espera de un médico del Johns Hopkins, pendientes de otro informe patológico y compartiendo con ella mis pensamientos.

«El cáncer no me hace único», dije. Eso no admitía discusión. Cada año, a más de 37.000 estadounidenses se les diagnostica cáncer de páncreas.

Pensé mucho en cómo me definía a mí mismo: profesor, científico informático, marido, padre, hijo, amigo, hermano, mentor de mis estudiantes. Esos eran los papeles que valoraba. Pero ¿alguno de ellos me diferenciaba de los demás?

Aunque siempre había tenido la autoestima bastante sana, sabía que la conferencia exigiría más que un alarde de bravuconería. Me pregunté: «¿Qué es lo que solo yo puedo ofrecer?».

Y entonces, en aquella sala de espera, me vino de pronto la respuesta. Fue como un destello: con independencia de cuáles fueran mis logros, todas las cosas que apreciaba hundían sus raíces en los sueños y metas que había tenido de niño... y en cómo había conseguido alcanzarlos casi todos. Comprendí que lo que me hacía diferente radicaba en los detalles de todos los sueños —desde los más significativos a los decididamente estrafalarios— que definían mis cuarenta y seis años de existencia. Allí sentado supe que, pese al cáncer, podía considerarme un hombre afortunado porque había vivido mis sueños. Y en gran medida los había vivido gracias a lo que por el camino me había ido enseñando toda clase de gente extraordinaria. Si era capaz de contar mi historia con la pasión que sentía, tal vez mi lección ayudara a otros a encontrar el camino que les llevaría a alcanzar sus sueños.

Tenía el portátil conmigo en la sala de espera y, animado por esa epifanía, me apresuré a mandar un correo electrónico a los organizadores de la conferencia. Les comuniqué que por fin se me había ocurrido un título. «Pido disculpas por el retraso —escribí—. Se titulará: "Alcanzar de verdad los sueños de infancia".»

2

Mi vida en un portátil

¿Cómo catalogas los sueños de infancia? ¿Cómo consigues que otra gente vuelva a conectar con los suyos? No eran preguntas que estuviera acostumbrado a plantearme como científico.

Durante cuatro días me senté frente al ordenador de mi casa nueva en Virginia escaneando diapositivas y fotografías para montar una presentación en Power Point. Siempre he pensado en imágenes, de modo que sabía que la charla no tendría texto, no seguiría un guión escrito. Pero recopilé trescientas imágenes de mi familia, estudiantes y colegas, además de docenas de ilustraciones poco convencionales que podían aportar algo acerca de los sueños infantiles. Añadí algunas palabras en algunas de las proyecciones: consejos, dichos. Se suponía que, una vez en el escenario, me recordarían lo que debía decir.

Mientras trabajaba en la charla, me iba levantando cada noventa minutos para relacionarme con mis hijos. Jai veía que yo intentaba no desconectar de la vida familiar, pero aun así creía que dedicaba demasiado tiempo a la conferencia, sobre todo porque acabábamos de instalarnos en la casa nueva. Como es natural, mi mujer quería que me ocupara de las cajas que había apiladas por toda la casa.

Al principio Jai no tenía pensado asistir a la conferencia. Pensaba que debía quedarse en Virginia con los niños y atendiendo los miles de cosas que tenían que hacerse después de una mudanza. Yo no paraba de pedirle que asistiera. La verdad, necesitaba desesperadamente que me acompañara. Así que al final accedió a volar a Pittsburgh la mañana misma de la charla.

Sin embargo, yo tenía que llegar a Pittsburgh el día antes, de modo que a la una y media de la tarde del 17 septiembre, el día que Jai cumplía cuarenta y un años, me despedí de ella y de los niños con un beso y salí hacia el aeropuerto. Habíamos celebrado su cumpleaños el día anterior con una pequeña fiesta en casa de su hermano. Con todo, para Jai la despedida fue un desagradable recordatorio de que en adelante no me tendría con ella en ningún otro cumpleaños.

Aterricé en Pittsburgh, en cuyo aeropuerto me esperaba mi amigo Steve Seabolt, llegado de San Francisco. Habíamos trabado amistad hacía años, cuando pasé un período sabático en Electronic Arts, el fabricante de videojuegos donde Steve ocupa un cargo ejecutivo. Éramos como hermanos.

Steve y yo nos abrazamos, alquilamos un coche y nos pusimos en marcha intercambiando bromas de humor negro. Steve me contó que acababa de visitar al dentista, así que alardeé de que yo no tendría que ir nunca más a ningún dentista.

Paramos en un restaurante local a comer y dejé el portátil sobre la mesa. Pasé rápidamente algunas imágenes, que ahora sumaban doscientas ochenta. «Sigue siendo demasiado largo —me dijo Steve—. Estarán todos muertos antes de que termines.»

La camarera, una embarazada de unos treinta años con el pelo rubio mal teñido, se acercó a nuestra mesa justo cuando una foto de mis hijos ocupaba la pantalla del ordenador. «Qué monada de críos», comentó, y preguntó por sus nombres. Se los dije: «Estos son Dylan, Logan, Chloe...». La camarera dijo que su hija también se llamaba Chloe y los dos sonreímos por la coincidencia. Steve y yo continuamos con el Power Point; eso me ayudó a centrarme en el tema.

Cuando la camarera nos trajo la comida, le di la enhorabuena por el embarazo.

—Estarás contentísima —le dije.

—No exactamente —me respondió—. Ha sido un accidente.

Mientras se alejaba no pude evitar que me impresionara tanta franqueza. Aquel comentario casual me recordó los factores accidentales que participan de nuestra llegada a este mundo... y nuestra partida hacia la muerte. Esa mujer iba a tener un hijo por accidente al que sin duda querría igual que a la otra. En cuanto a mí, debido al accidente del cáncer dejaría a tres hijos que crecerían sin mi amor.

Al cabo de una hora, solo en la habitación del hotel, mis hijos seguían rondándome en la cabeza mientras seleccionaba las imágenes para la charla. El acceso inalámbrico a internet de la habitación era bastante irregular, lo que resultaba exasperante porque todavía estaba peinando la web en busca de imágenes. Y para empeorar aún más las cosas, empezaba a notar los efectos de la quimioterapia que había recibido unos días antes. Tenía calambres, náuseas y diarrea.

Trabajé hasta medianoche, me dormí y me desperté a las cinco de la madrugada presa del pánico. Una parte de mí dudaba de que la charla quedara bien. Pensé: «¡Eso es lo que pasa cuando intentas contar toda tu vida en una hora!».

Me puse a retocar, repensar y reorganizar. A las once de la mañana me pareció que había conseguido un ritmo narrativo mejor, que tal vez funcionara. Me duché y me vestí. A mediodía Jai llegó del aeropuerto y comió conmigo y con Steve. Tuvimos una conversación solemne, en la que Steve prometió cuidar de Jai y los niños.

A la una y media, el laboratorio de informática del campus donde he pasado la mayor parte de mi vida fue dedicado en mi honor; vi cómo descubrían mi nombre encima de la puerta. A las dos y cuarto estaba en mi despacho sintiéndome fatal otra vez: completamente agotado, con náuseas de la quimio y preguntándome si tendría que salir a escena con el pañal para adultos que había traído como precaución.

Steve me aconsejó que me tumbara en el sofá del despacho un rato, y le hice caso, pero con el portátil en la barriga para poder continuar con los retoques. Quité sesenta diapositivas más.

A las tres y media ya había gente haciendo cola para presenciar mi conferencia. A las cuatro en punto me levanté del sofá y empecé a reunir mis cosas dispuesto a cruzar el campus camino del salón de actos. Faltaba menos de una hora para subir al escenario.

3
El elefante en la habitación

Jai ya estaba en el salón de actos —inesperadamente lleno a rebosar con cuatrocientas personas— y, cuando subí al escenario para comprobar el estrado y organizarme, vio lo nervioso que estaba. Mientras yo me dedicaba a prepararlo todo, se fijó en que no cruzaba la mirada con nadie. Pensó que no sería capaz de mirar a la gente porque podía encontrarme con algún amigo o ex alumno y la emoción de mirarlos a los ojos me superaría.

Mientras me preparaba se oían los murmullos del público. Sin duda, aquellos que solo habían venido a ver qué aspecto tenía alguien que estaba muriéndose de cáncer de páncreas debían de plantearse algunas preguntas: ¿Aquel era mi pelo de verdad? (Sí, no se me cayó pese a la quimioterapia.) ¿Notarían lo cerca que estaba de la muerte en mi manera de hablar? (Mi respuesta: ¡Estad atentos!)

A escasos minutos de comenzar la charla, continuaba ocupado en el estrado, eliminando y reordenando las imágenes. Todavía seguía trabajando cuando me dieron la señal de inicio. «Todo listo», dijo alguien.

No iba de traje. No llevaba corbata. No pensaba salir a escena con la típica chaqueta de tweed con coderas de piel. En su defecto, había decidido dar la charla con el atuendo más apropiado a los sueños de infancia que había encontrado en mi ropero.

Admito que a primera vista parecía el encargado de apuntar los pedidos en un local de comida rápida. Pero en realidad el logotipo que lucía en el polo de manga corta representaba todo un honor, porque es el que lucen los diseñadores de Walt Disney: los artistas, guionistas e ingenieros que crean las atracciones de los parques temáticos. En 1995 trabajé con ellos seis meses como diseñador. Fue un punto clave de mi vida, un sueño infantil hecho realidad. Por eso también lucía la placa oval con mi nombre, «Randy», de cuando trabajaba en Disney. Rendía homenaje a esa experiencia vital y al propio Walt Disney, quien, como es bien sabido, afirmó: «Si puedes soñarlo, puedes hacerlo».

Agradecí al público su presencia, conté algunas bromas y luego comencé diciendo: «Por si alguien ha entrado en la sala por casualidad y no conoce mi historia, os diré que mi padre me enseñó que hay que poner sobre la mesa los problemas que nadie menciona. Pues bien, mis tomografías computarizadas muestran que tengo aproximadamente una decena de tumores en el hígado y según los médicos me quedan unos seis meses de buena salud. Eso me lo dijeron hace un mes, así que calculad».

Mostré en la pantalla una imagen gigante de las tomografías de mi hígado. La diapositiva se titulaba «El elefante en la habitación» y, para ayudar, había insertado flechas rojas para señalar cada tumor.

Dejé la imagen un momento para que el público pudiera seguir las flechas y contar los tumores. «Muy bien —continué—. Esto es lo que hay. No podemos cambiarlo. Solo tenemos que decidir cómo respondemos a la situación. No podemos cambiar las cartas que se nos reparten, pero sí cómo jugamos nuestra mano.»

En ese instante me sentía sano y entero, el Randy de siempre, alentado sin duda por la adrenalina y la emoción de ver la sala llena. Además, sabía que tenía un aspecto bastante saludable y que tal vez a algunas personas les costara conciliar mi aspecto con el hecho de que estuviera a punto de morir. De modo que abordé la cuestión: «Si no os parezco todo lo deprimido y apagado que debería, lamento decepcionaros —apunté, y tras algunas risas del público, añadí—: Os aseguro que no niego la realidad. Soy consciente de lo que ocurre.

»Mi familia (mi esposa y nuestros tres hijos) acaba de levantar campamento. Hemos comprado una casita preciosa en Virginia y lo hemos hecho porque es un lugar mejor para el futuro que nos espera». Mostré una proyección de la casa en las afueras que acabábamos de adquirir. Coronaba la fotografía de la casa el siguiente titular: «No niego la realidad».

Lo que intentaba explicar era que Jai y yo habíamos decidido arrancar a la familia de su ambiente y yo le había pedido a mi mujer que abandonara una casa que adoraba y unos amigos que se preocupaban por ella. Habíamos separado a los niños de sus compañeros de juegos en Pittsburgh. Habíamos empaquetado nuestras vidas y nos habíamos lanzado a un tornado creado por nosotros mismos cuando podíamos habernos limitado a arrebujarnos en Pittsburgh mientras esperábamos mi final. Y habíamos actuado así porque sabíamos que, en cuanto yo muriese, Jai y los niños necesitarían vivir en un lugar donde pudiesen recibir el apoyo y el amor de su numerosa familia.

También quería que el público supiera que tenía buen aspecto y me sentía bien en parte porque mi cuerpo había empezado a recuperarse de las extenuantes sesiones de quimioterapia y radioterapia que me habían dado los médicos. Ahora recibía un tratamiento paliativo mucho más llevadero. «Ahora mismo estoy fenomenal —les dije—. Es decir, el mayor ejemplo de discordancia cognitiva que jamás presenciaréis es que estoy en muy buena forma. De hecho, estoy más en forma que la mayoría de vosotros.»

Me coloqué en el centro de la tarima. Hacía unas horas no estaba seguro de si tendría la fuerza necesaria para lo que estaba a punto de hacer, pero ahora me sentía envalentonado y poderoso. Me tumbé en el suelo y empecé a hacer flexiones.

En las risas y los aplausos sorprendidos del público casi alcancé a oír el respiro de alivio de todos los asistentes. No era solo un moribundo cualquiera. Era solo yo. Podía empezar.

II

ALCANZAR DE VERDAD LOS SUEÑOS DE INFANCIA

Los sueños de mi infancia:

- Experimentar la gravedad cero
- Jugar en la liga de fútbol americano
- Escribir un artículo de la enciclopedia World Book
- Ser el capitán Kirk
- Ganar animales de peluche
- Ser diseñador de Disney

Una de las proyecciones de la conferencia...

4
La lotería de los padres

A mí me tocó la lotería de los padres.

Nací con el boleto premiado, una de las principales razones por las que he sido capaz de alcanzar los sueños de mi infancia.

Mi madre era una profesora de inglés de la vieja escuela, dura, con nervios de acero. Hacía trabajar de lo lindo a sus alumnos y soportaba a los padres que se quejaban de que las expectativas que ella depositaba en sus hijos eran excesivas. Como hijo suyo, tuve la buena suerte de saber un par de cosas acerca de sus expectativas.

Mi padre fue un paramédico de la Segunda Guerra Mundial que estuvo en la batalla de las Ardenas. Fundó un grupo sin fines lucrativos que enseñaba inglés a los hijos de los inmigrantes. Para ganarse la vida, regentaba un pequeño negocio de seguros automovilísticos en el centro de Baltimore. Sus clientes eran en su mayoría gente pobre que pagaba mal o de pocos recursos, a los que mi padre encontraba un modo de conseguir un seguro que les permitiera tener un coche. Por muchas razones, mi padre era mi héroe.

Me crié en la clase media acomodada de Columbia, Maryland. El dinero nunca fue un problema en casa, sobre todo porque mis padres nunca tuvieron la necesidad de gastar mucho. Eran frugales en extremo. Rara vez cenábamos fuera. Salíamos al cine puede que un par de veces al año. Mis padres solían decirme que mirara la tele: «Es gratis. O mejor aún, ve a la biblioteca. Saca un libro».

Cuando yo tenía dos años y mi hermana cuatro, mi madre nos llevó al circo. A los nueve años quise volver. «No te hace falta ir al circo —repuso mi madre—. Ya has ido.»

Hoy en día esto puede parecer una infancia opresiva, pero en realidad fue mágica. La verdad es que me considero un tipo que ha tenido una suerte increíble en la vida porque tuvo una madre y un padre que hicieron muchas cosas bien.

No comprábamos mucho. Pero pensábamos en todo, porque mi padre sentía una curiosidad contagiosa acerca de la actualidad, la historia, la vida. De hecho, de crío yo pensaba que había dos tipos de familias:

1) Las que necesitan un diccionario durante la cena.
2) Las que no.

Nosotros pertenecíamos al primer tipo. Casi todas las noches terminábamos consultando el diccionario, que guardábamos en un estante situado a solo seis pasos de la mesa. Mis padres solían decir: «Si tienes una pregunta, encuentra la respuesta».

En mi casa no nos quedábamos sentados como vagos preguntándonos por la respuesta. Nosotros teníamos un método mejor: abrir la enciclopedia. Abrir el diccionario. Abrir la mente.

Mi padre además era un gran contador de anécdotas, y siempre creyó que debían contarse por alguna razón. A él le gustaban las anécdotas humorísticas que derivaban en cuentos morales. Dominaba esa técnica y yo crecí empapándome en ella. Por eso, cuando mi hermana Tammy vio mi última lección en la red me vio mover los labios, pero la voz que escuchó no fue la mía, sino la de mi padre. Tammy supo que estaba reciclando algunas perlas de sabiduría paterna. No voy a negarlo. De hecho, en algunos momentos tuve la impresión de que mi padre hablaba a través de mí.

Cito a mi padre casi a diario. En parte porque si ofreces consejos propios, la gente suele desestimarlos; si recurres a la sabiduría de un tercero, queda menos arrogante y es más fácil de aceptar. Y, por supuesto, cuando cuentas con una baza como mi padre, cuesta resistirse. Le citas a la menor ocasión.

Mi padre me aconsejó cómo labrarme un camino en la vida. Me decía cosas como: «No tomes decisiones hasta que sea necesario». También me advirtió que cuando estuviese en una posición de fuerza, ya fuera en el trabajo o en las relaciones personales, jugara siempre limpio. «Ir sentado al volante —me decía—, no implica que tengas que atropellar a la gente.»

Últimamente me he descubierto citando a mi padre incluso en cosas que él no decía. Cualquier cosa que quiera decir, podría haberla dicho él. Mi padre parecía saberlo todo.

Mi madre, por su parte, también sabía muchas cosas. Toda mi vida consideró su misión poner freno a mi arrogancia. Ahora se lo agradezco. Incluso en estos tiempos, si alguien le pregunta cómo era su hijo de pequeño, me describe como un niño «atento, pero no demasiado precoz». Ahora para los padres todos los niños son genios. Y allí estaba mi madre, convencida de que «atento» debería ser suficiente cumplido.

Cuando estaba sacándome el doctorado, pasé una prueba llamada «eliminatoria teórica», que ahora considero sin lugar a dudas la segunda peor experiencia de mi vida después de la quimioterapia. Cuando me quejé a mi madre de la horrible dificultad de la prueba, se inclinó hacia mí, me dio unos golpecitos en el brazo y dijo: «Sabemos cómo te sientes, cariño. Pero recuerda que a tu edad tu padre estaba luchando contra los alemanes».

En cuanto obtuve el doctorado, mi madre se aficionó a presentarme del siguiente modo: «Este es mi hijo. Es doctor, pero no de los que curan a la gente».

Mis padres sabían lo que representaba ayudar a la gente. Siempre andaban buscando grandes proyectos, alejados del camino más fácil, en los que se volcaban con entusiasmo. Juntos financiaron una residencia para cincuenta estudiantes en la Tailandia rural con la idea de ayudar a escolarizar a las niñas y evitar que cayeran en la prostitución.

Mi madre siempre fue generosísima. Y mi padre habría sido feliz dándolo todo y viviendo en una arpillera en lugar de en un barrio residencial, donde queríamos vivir todos los demás. En ese sentido, considero a mi padre el hombre más «cristiano» que he conocido. Además, fue un gran defensor de la igualdad social. A diferencia de mi madre, no adoptó fácilmente la religión organizada (éramos presbiterianos). Mi padre se centró más en los grandes ideales y consideraba la igualdad la meta más importante. Tenía grandes esperanzas puestas en nuestra sociedad y, aunque a menudo le defraudaban, no abandonaba su optimismo apasionado.

A los ochenta y tres años de edad le diagnosticaron leucemia. Consciente de que no viviría mucho más, donó su cuerpo a la ciencia médica y el dinero suficiente para proseguir con el programa de Tailandia al menos otros seis años.

Muchos de los que presenciaron mi última lección quedaron prendados de una foto en particular que proyecté en la pantalla del fondo: en ella aparezco en pijama, apoyado en un codo. Está claro que era un niño al que le gustaba perderse en grandes sueños.

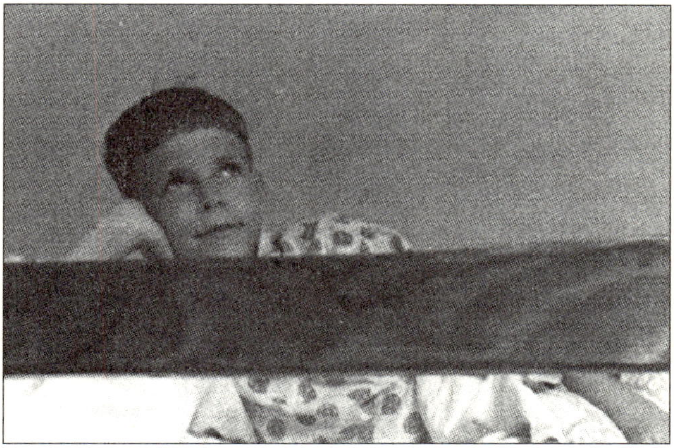

El tablón de madera que cruza la imagen por delante de mí forma parte de mi litera. Me la construyó mi padre, que era un carpintero bastante hábil. La sonrisa en la cara de ese niño, la mirada de sus ojos, el tablón de madera... esa fotografía me recuerda que me tocó la lotería de los padres.

Aunque mis hijos tendrán una madre que les quiera y que les guiará maravillosamente en la vida, no tendrán a su padre. Lo he aceptado, pero aun así, duele.

Me gustaría creer que mi padre aprobaría cómo estoy llevando estos últimos meses de vida. Él me habría aconsejado que lo dejara todo en orden para Jai, que dedicara todo el tiempo posible a los niños... Lo mismo que estoy haciendo. Sé que entendería las razones para trasladarnos a Virginia.

También creo que mi padre me recordaría que los niños necesitan —más que cualquier otra cosa— saber que sus padres les quieren. Y no hace falta que los padres vivan para que eso ocurra.

5

El ascensor del chalet

Siempre me costó bastante contener mi imaginación y, a mitad de secundaria, sentí la necesidad de plasmar algunos de los pensamientos que me daban vueltas en la cabeza en las paredes de mi dormitorio.

Pedí permiso a mis padres.

—Quiero pintar cosas en la pared —dije.

—¿Como qué? —me preguntaron.

—Cosas que me importan. Cosas que molarán. Ya veréis.

A mi padre la explicación le bastó. Eso era lo bueno de mi padre. Te animaba a ser creativo solo con sonreírte. Le encantaba contemplar que una chispa de entusiasmo se convertía en fuegos artificiales. Y me entendía a mí y mi necesidad de expresarme por medios no convencionales. Por tanto, mi aventura de pintar paredes le pareció una gran idea.

A mi madre mi proyecto no le hizo la misma ilusión, pero en cuanto vio lo emocionado que estaba cedió enseguida. Además, sabía que mi padre solía salirse con la suya en esas cuestiones, así que, para el caso que le iba a hacer, decidió rendirse pacíficamente.

Durante dos días, con la ayuda de mi hermana Tammy y mi amigo Jack Sheriff, pinté las paredes de mi dormitorio. Mi padre se quedó en el salón leyendo el periódico, esperando pacientemente a la inauguración. Mi madre pululó por el pasillo hecha un manojo de nervios. Se acercaba a hurtadillas sin parar, tratando de echar un vistazo, pero nosotros nos atrincheramos en la habitación. Como dicen en las pelis, era un «set cerrado».

¿Qué pintamos?

Bueno, yo quería tener una fórmula de segundo grado en la pared. En una ecuación de segundo grado, la potencia más alta de una cantidad es un cuadrado. Empollón como era, me pareció que valía la pena celebrarlo. Así que al lado de la puerta pinté:

$$\frac{-b \pm \sqrt{b^2-4ac}}{2a}$$

Jack y yo pintamos también una puerta de ascensor gris. A la izquierda de la puerta dibujamos los botones de subida y bajada y, por encima del ascensor, un panel con los números de planta del uno al seis. El número tres estaba iluminado. Vivíamos en un chalet de una sola planta, de modo que lo de los seis pisos era pura fantasía. Pero visto desde hoy, ¿por qué no pinté ochenta o noventa pisos? Si tanto me gustaban los sueños importantes, ¿por qué mi ascensor se había detenido en la tercera planta? No lo sé. Tal vez simbolizara el equilibrio de mi vida entre aspiraciones y pragmatismo.

Dado lo limitado de mis habilidades artísticas, me pareció mejor esbozar las ideas en formas geométricas básicas. De manera que pinté un cohete espacial sencillito, con alerones. Pinté también el espejo de Blancanieves con la frase: «¿Recuerdas cuando te dije que eras la más guapa? ¡Mentía!».

En el techo, Jack y yo escribimos: «¡Estoy atrapado en el ático!». Escribimos las letras al revés, como si las hubiera escrito con las uñas alguien prisionero en el ático para pedir socorro.

Como me gustaba el ajedrez, Tammy, que era la única de los tres con talento para el dibujo, pintó unas piezas de ajedrez. Mientras ella se encargaba del ajedrez, yo pinté un submarino deslizándose por el agua detrás de la litera. Dibujé un periscopio asomando por la colcha en busca de barcos enemigos.

Siempre me había gustado la historia de la caja de Pandora, así que Tammy y yo pintamos una versión de ella en la pared. Según la mitología griega, a Pandora le entregaron una caja con todos los males del mundo en su interior. Tenía órdenes de no abrirla, pero las desobedeció. Cuando levantó la tapa, el mal se extendió por el mundo. Yo siempre me sentí atraído por el final optimista de la historia: en el fondo de la caja, a la izquierda, quedaba la «esperanza». Por tanto, en mi caja de Pandora, escribí la palabra *Esperanza*, en inglés *Hope*. Cuando Jack lo vio no pudo evitar añadir *Bob*. Los amigos que visitaban el dormitorio siempre tardaban un poco en deducir qué pintaba ahí el nombre de Bob. Luego, inevitablemente, ponían los ojos en blanco.

Como nos encontrábamos a finales de la década de 1970, escribí «¡Mierda a la música disco!» en la puerta. A mi madre le pareció una vulgaridad. Así que un día, cuando yo no la veía, cubrió con pintura la primera parte. Fue la única vez que me censuró.

Los amigos que pasaban por allí siempre quedaban muy impresionados. No se podían creer que mis padres me hubieran dejado pintar las paredes.

Y aunque en su momento no le entusiasmó, mi madre nunca volvió a pintar la habitación, ni siquiera décadas después de marcharme yo. De hecho, con el tiempo mi dormitorio se convirtió en la atracción estrella de la visita guiada por la casa que ofrecía a los invitados. Mi madre comenzó a comprender que a la gente le gustaba la idea. Y que ella molaba por haberme dado permiso.

Para cualquiera de vosotros que sea padre: si vuestros hijos quieren pintar el dormitorio, dejadles, hacedlo por mí. Quedará bien. No os preocupéis por el precio de venta de la casa.

No sé cuántas veces más podré ir a la casa de mi infancia. Pero cada visita es un regalo. Todavía duermo en la litera que me construyó mi padre, contemplo esas paredes de locura, pienso en mis padres dejándome pintarlas y me duermo sintiéndome afortunado y contento.

6

Alcanzar la gravedad cero

Es importante tener sueños específicos.

Cuando estudiaba primaria muchos niños querían convertirse en astronautas. Yo, pese a mi juventud, era consciente de que la NASA no me aceptaría. Tenía entendido que los astronautas no podían llevar gafas. No me parecía mal. En realidad, no ansiaba el paquete completo del astronauta. Solo quería flotar.

Resulta que la NASA tiene un avión que utiliza para que los astronautas se vayan aclimatando a la gravedad cero. Todo el mundo lo llama «Cometa Vómito», aunque la NASA se refiere a él como «La Maravilla Ingrávida» en un alarde de relaciones públicas destinado a distraer la atención de lo evidente.

Con indiferencia de su nombre, el avión es una máquina sensacional. Dibuja arcos parabólicos y en la cima de cada uno de ellos se experimentan unos veinticinco segundos de algo parecido a la ingravidez. Durante el descenso en picado te sientes como en una montaña rusa fuera de control, pero suspendido en el aire, volando.

Mi sueño se convirtió en algo posible cuando descubrí que la NASA tenía un programa que permitía a los estudiantes universitarios presentar propuestas para realizar experimentos en el avión. En 2001 nuestro equipo de estudiantes de Carnegie Mellon presentó un proyecto sobre realidad virtual.

La ingravidez es una sensación difícil de imaginar cuando te has pasado la vida como terrícola. En gravedad cero, el oído interno, que controla el equilibrio, no termina de sincronizarse con lo que te dicen los ojos, y esto suele provocar náuseas. ¿Podría ser de ayuda realizar simulacros en el suelo mediante realidad virtual? Esa era la pregunta que planteaba nuestro proyecto y con la que ganamos una invitación para subir al avión del Centro Espacial Johnson de Houston.

Seguramente yo estaba más emocionado que cualquiera de mis alumnos. ¡Flotar! Pero a última hora me dieron una mala noticia. La NASA dejó muy claro que, bajo ningún concepto, permitirían que un docente volara con los estudiantes.

Me rompieron el corazón, pero no desistí. Encontraría la manera de sortear esa barrera. Decidí leer atentamente todo lo relativo al programa en busca de una laguna en el reglamento. Y la encontré: la NASA, siempre deseosa de una buena publicidad, permitía que un periodista de la población de los estudiantes los acompañara durante el vuelo.

Llamé a un oficial de la NASA y le pedí su número de fax. Me preguntó qué pensaba enviarles. Se lo conté: mi renuncia como asesor docente y mi solicitud como periodista.

—Acompañaré a mis estudiantes en mi nueva función de representante de los medios de comunicación.

—Se le ve un poco el plumero, ¿no le parece?

—Desde luego —admití, pero también le prometí que colgaría información sobre el experimento en nuestra web y man-

Yo solo quería flotar...

daría el vídeo de nuestros trabajos de realidad virtual a periodistas de los canales mayoritarios. Sabía que podía conseguirlo y todos saldríamos ganando. Me dio su número de fax.

A modo de nota al margen, esta anécdota nos enseña una cosa: aportad siempre algo, porque seréis mejor recibidos.

Mi experiencia de ingravidez fue espectacular (y no, no vomité, gracias). Aunque acabé hecho polvo, eso sí, porque al final de los veinticinco segundos mágicos, cuando vuelve la gravedad, tienes la sensación de pesar el doble de lo normal. El porrazo es respetable. Por eso nos repetían sin parar: «¡Los pies debajo!». Nadie quiere aterrizar de cabeza.

Pero conseguí subirme a ese avión, casi cuatro décadas después de que flotar se convirtiera en una de las metas de mi vida. Lo que demuestra que si logras dar con una rendija, probablemente encontrarás también el modo de cruzarla flotando.

7
Nunca entré en la liga de fútbol

Me encanta el fútbol americano. El fútbol de placaje. Empecé a jugar a los nueve años y nunca lo he abandonado. Me ha ayudado a convertirme en la persona que soy hoy. Y aunque no entré en la Liga Nacional de Fútbol (NFL), a veces creo que saqué más de perseguir ese sueño y no alcanzarlo de lo que obtuve de otros muchos que sí se hicieron realidad.

Mi amor por el fútbol empezó cuando mi padre me arrastró, entre gritos y pataletas, a inscribirme en un equipo. Yo no quería. Era de natural debilucho y el más canijo de todos con diferencia. El miedo se convirtió en sobrecogimiento cuando conocí a Jim Graham, el entrenador, una mole descomunal de metro noventa y dos. Había jugado como apoyador de Penn State y era muy de la vieja escuela. Y quiero decir muy vieja escuela de verdad, tanto que consideraba juego sucio el pase adelante.

En el primer entrenamiento estábamos todos muertos de miedo. Además, el hombre no había traído ninguna pelota. Al final un niño habló en nombre de todos:

—Perdone, entrenador. No tenemos pelota.

—No la necesitamos —respondió el entrenador Graham.

Se hizo el silencio mientras pensábamos en lo que nos había dicho.

—¿Cuántos hombres hay en el campo de fútbol al mismo tiempo?

Once por cada equipo, contestamos. Es decir, veintidós.

—¿Y cuántos tocan la pelota en un momento dado?

Uno.

—¡Correcto! Pues nosotros trabajaremos lo que están haciendo los otros veintiuno.

Fundamentos. Esa fue la gran enseñanza que nos regaló el entrenador Graham. Fundamentos, fundamentos, fundamentos. Como profesor universitario, he comprobado que es una lección que muchos jóvenes ignoran, siempre en su perjuicio: tienes que tener claros los fundamentos, porque si no el resto no funcionará.

El entrenador Graham me exigía muchísimo. Recuerdo un entrenamiento en particular. «Lo estás haciendo todo mal, Pausch. ¡Retrocede! ¡Repítelo otra vez!» Intenté hacer lo que me pedía. No bastó. «¡Me debes una, Pausch! Después del entrenamiento te quedarás a hacer flexiones.»

Cuando por fin me dieron permiso para marcharme, uno de sus ayudantes se acercó a consolarme.

—El entrenador Graham ha sido muy duro contigo, ¿verdad?

Apenas logré musitar un sí.

—Eso es bueno —me aseguró el ayudante—. Cuando la cagas y nadie te dice nada es porque te consideran un caso perdido.

Es una lección que he tenido presente toda la vida. Cuando ves que estás haciendo algo mal y nadie se molesta en decírtelo, tienes un problema. Tal vez no quieras escucharles, pero a menudo tus críticos son los que están diciendo que todavía te quieren, que se preocupan por ti y desean que mejores.

Hoy en día se habla mucho de fomentar la autoestima de los niños. No es algo que pueda dárseles, tienen que construírsela ellos mismos. El entrenador Graham no trabajaba el tema de los mimos. ¿Autoestima? El hombre sabía que solo hay un modo de enseñarle a los niños a desarrollarla: les das algo que no saben hacer, trabajan duro hasta que aprenden a hacerlo y luego te limitas a repetir el mismo proceso.

Cuando el entrenador Graham se hizo cargo de mí, yo era un niño debilucho sin ninguna habilidad especial, fuerza ni preparación física. Pero me ayudó a comprender que si trabajaba suficientemente, con el tiempo sería capaz de hacer cosas que entonces me parecían imposibles. Incluso ahora, cuando acabo de cumplir cuarenta y siete años, mi postura apoyado con dos pies y una mano en el suelo daría envidia a cualquier jugador profesional de la NFL.

Soy consciente de que, en estos tiempos, a un hombre como el entrenador Graham podrían expulsarlo de una liga juvenil. Resultaría demasiado duro. Los padres se quejarían.

Recuerdo un partido en que nuestro equipo estaba jugando fatal. A la media parte, al correr a por agua, casi volcamos el cubo. El entrenador estaba furioso: «¡Ostras! ¿Por qué no habéis corrido así en el partido?». Teníamos once años y nos quedamos petrificados, muertos de miedo. «¿Agua? —bramó—. ¿Queréis agua, chicos?» Levantó el cubo y vertió el agua por el suelo.

Vimos cómo se alejaba y oímos musitarle a un asistente: «Puedes darle agua a la primera línea de defensa. Han jugado bien».

Seamos claros: el entrenador Graham jamás habría puesto en peligro a ningún niño. Una de las razones por las que trabajaba tanto la preparación física era porque sabía que reduce el riesgo de lesiones. Sin embargo, ese día hacía fresco, todos habíamos tenido acceso al agua durante la primera parte y lo de correr a por más respondía más al hecho de que éramos un puñado de chavales que a una necesidad real de hidratarnos.

Incluso así, si hoy día ocurriera un incidente similar, los padres de los equipos sacarían los teléfonos móviles para llamar al presidente de la liga o a un abogado.

Me entristece que haya tantos niños tan mimados. Recuerdo lo que sentí durante la bronca de aquel descanso. Sí, tenía sed. Pero sobre todo, me sentí humillado. Todos nosotros habíamos decepcionado al entrenador Graham y él nos lo hizo saber de un modo que jamás olvidaríamos. Tenía razón. Habíamos demostrado más energía junto al cubo de agua que en todo el maldito partido. Y su crítica surgió efecto. En la segunda parte, cuando regresamos al campo, lo dimos todo.

No he vuelto a ver al entrenador Graham desde la adolescencia, pero su imagen me viene a la cabeza constantemente, obligándome a trabajar con más ahínco siempre que me apetece rendirme, obligándome a mejorar. Me regaló un bucle de retroalimentación para la vida.

Cuando apuntamos a nuestros hijos a practicar deporte —rugby, fútbol, natación, da igual— la mayoría de nosotros no lo hace porque queramos que aprendan las complejidades del deporte.

Lo que de verdad queremos que aprendan es mucho más importante: el trabajo en equipo, la perseverancia, la deportividad, el valor de trabajar duro y la capacidad de enfrentarse a las adversidades. Esas enseñanzas indirectas son lo que algunos llamamos regates.

Existen dos clases de regates. El primero es literal. En un campo de fútbol, el jugador mueve la cabeza a un lado para hacerte creer que va en esa dirección. Luego arranca en la contraria. Como el engaño de un mago. El entrenador Graham solía aconsejarnos que mirásemos la cintura del jugador. «Él va adonde vaya su barriga», nos decía.

La segunda clase de regate es la verdaderamente importante: enseña a la gente cosas que no se dan cuenta que están aprendiendo hasta que ya están en pleno proceso de aprendizaje. Si eres un especialista de esta clase de regate, tu objetivo oculto es conseguir que aprendan algo que tú quieres que sepan.

Se trata de un tipo de aprendizaje absolutamente vital. Y el entrenador Graham era todo un maestro en él.

8

Me encontraréis en la V

¡Vivo en la era de la informática y me encanta! Hace tiempo que abracé la llegada de los píxeles, las terminales de trabajo con múltiples pantallas y la superautopista de la información. No me cuesta imaginar un mundo sin papel.

Y no obstante crecí en un lugar muy diferente.

Cuando yo nací, en la década de 1960, el conocimiento se almacenaba en papel. En mi casa, durante las décadas de los sesenta y setenta, la familia entera veneraba la enciclopedia World Book: las fotos, los mapas, las banderas de los distintos países, los útiles recuadros con los datos de población, lema y altitud media de cada estado.

No me leí todas las entradas de todos los volúmenes de la World Book, pero lo intenté. Me fascinaba que lo incluyera todo. ¿Quién había escrito aquella sección del cerdo hormiguero? ¿Por qué llamarán los editores de World Book a alguien para decirle: «Nadie sabe más que tú del cerdo hormiguero. ¿Te importaría escribirnos la entrada?»? Y luego estaba el volumen Z: ¿a quién se había considerado lo suficientemente experto para crear la entrada *Zulú*? ¿Ese experto o experta sería zulú?

Mis padres eran austeros. A diferencia de muchos estadounidenses, jamás compraban nada para impresionar al prójimo, ni siquiera para darse un lujo. Pero compraron alegremente la World Book, que costaba una cifra considerable para la época, porque al hacerlo nos regalaban a mí y a mí hermana sabiduría. También encargaron los suplementos anuales. Cada año nos llegaba un volumen nuevo con grandes avances y acontecimientos recientes —con el año por título: 1970, 1971, 1972, 1973— que yo esperaba leer con impaciencia. Esos volúmenes anuales incluían pegatinas que remitían a las entradas de la World Book alfabética. Mi tarea consistía en pegar las etiquetas en las páginas correspondientes, una responsabilidad que me tomaba muy en serio. Estaba colaborando a realizar la crónica de la historia y la ciencia para cualquiera que abriera la enciclopedia en el futuro.

Dado el amor que profesaba a la World Book, uno de mis sueños infantiles era colaborar en su redacción. Pero, claro, uno no puede telefonear a las oficinas de World Book en Chicago y ofrecerse a colaborar. World Book tiene que buscarte a ti.

Pues hace unos años, lo creáis o no, recibí esa llamada.

Resultó que de algún modo mi carrera hasta la fecha me había convertido precisamente en la clase de experto que a World Book le gusta perseguir. No me consideraban el mayor experto mundial en realidad virtual. Esa clase de gente está demasiado atareada para atenderlos. Pero yo ocupaba ese nivel intermedio: era lo bastante respetado... pero no tan famoso como para rechazar su ofrecimiento.

Me preguntaron si me gustaría escribir una entrada nueva sobre realidad virtual.

No podía contarles que llevaba toda la vida esperando que me lo pidieran. Solo pude contestarles que «Sí, por supuesto». De modo que escribí la entrada. E incluí una fotografía de Caitlin Kelleher, uno de mis alumnos, con un casco de realidad virtual.

Ningún editor cuestionó jamás lo que había escrito, pero supongo que así funciona World Book. Eligen a un experto y confían en que no abuse del privilegio que le conceden.

No he comprado la última edición de la World Book. De hecho, después de que me hayan seleccionado para colaborar en ella, creo que Wikipedia es una fuente perfecta para encontrar información porque ahora conozco el verdadero control de calidad de las enciclopedias. Pero a veces, cuando estoy en una biblioteca con mis hijos, no puedo resistirme a buscar en la V *«virtual reality»* (por un servidor) y dejar que le echen un vistazo. Lo escribió su papá.

9
La capacidad de liderazgo

Como un sinfín de empollones estadounidenses nacidos en 1960, pasé parte de la infancia soñando con ser el capitán James T. Kirk, comandante de la nave espacial *Enterprise.* No me imaginaba como el capitán Pausch. Me imaginaba un mundo en que pudiera convertirme en el capitán Kirk.

Para los jóvenes ambiciosos con tendencias científicas no había mayor modelo de conducta que James T. Kirk en *Star Trek.* De hecho, creo muy seriamente que ver a Kirk dirigir la *Enterprise* me ha hecho mejor profesor y colega; hasta puede que mejor marido.

Pensadlo bien. Si conocéis la serie, sabréis que Kirk no era el tipo más listo de la nave. El señor Spock, su primer oficial, era el intelecto lógico de la tripulación. El doctor McCoy poseía todos los conocimientos médicos al alcance de la humanidad en la década de 2260. Scotty era el ingeniero jefe, con la habilidad técnica necesaria para mantener la nave en funcionamiento incluso bajo un ataque extraterrestre.

¿Cuáles eran las habilidades de Kirk? ¿Cómo había conseguido subir a bordo de la *Enterprise* y dirigirla?

La respuesta: una capacidad llamada «liderazgo».

Aprendí muchísimo viéndole en acción. Era la pura esencia del director dinámico, un tipo que sabía delegar, tan apasionado que estimulaba a los demás y al que le sentaba estupendamente la ropa de trabajo. Jamás presumía de tener capacidades superiores a las de sus subordinados. Reconocía que sus subordinados sabían lo que se hacían en sus respectivos terrenos. Pero él decidía las miras, el tono. Estaba a cargo de la moral. Y, encima, Kirk dominaba las galanterías románticas para cortejar a las mujeres de cualquier galaxia que visitaran. Imaginadme viendo la tele en casa: tenía diez años y llevaba gafas. Cada vez que Kirk aparecía en pantalla me parecía un dios griego.

¡Y tenía los trastos más flipantes del mundo! De niño me parecía fascinante que pudiera estar en un planeta cualquiera y gracias a una cosita —su comunicador Star Trek— fuera capaz de hablar con la tripulación que se había quedado en la nave. Ahora, yo mismo voy por ahí con uno en el bolsillo. ¿Quién se acuerda de que fue Kirk el que nos enseñó lo que era un teléfono móvil?

Hace unos años recibí una llamada (en mi comunicador) de un escritor de Pittsburgh llamado Chip Walter. Estaba escribiendo un libro con William Shatner (también conocido como Kirk) sobre cómo los adelantos científicos imaginados originalmente en *Star Trek* prefiguraron los avances técnicos actuales. El capitán Kirk deseaba visitar mi laboratorio de realidad virtual de Carnegie Mellon.

De acuerdo que de niño soñaba con ser Kirk. Pero aun así la visita de Shatner me pareció un sueño hecho realidad. Es estupendo conocer a tu ídolo de infancia, pero es todavía mucho mejor cuando te visita para ver las cosas alucinantes que estás haciendo en tu laboratorio.

Mis estudiantes y yo trabajamos las veinticuatro horas del día para construir un mundo virtual que recordara al puente de mando de la *Enterprise*. Cuando llegó Shatner, se colocó el «casco visualizador», bastante aparatoso. El aparato incluía una pantalla interior y al girar la cabeza, esta le permitía sumergirse en imágenes de 360 grados de la que había sido su nave. «¡Vaya, si tenéis hasta las puertas por turbocompresión!», comentó. También le reservábamos una sorpresa: sirenas de alerta roja. Al instante mismo de oírlas, gritó: «¡Nos atacan!».

Shatner se quedó tres horas y nos preguntó montones de cosas. Más tarde un colega me comentó: «No paraba de preguntar todo el rato. Creo que no ha entendido nada».

Pero a mí me impresionó profundamente. Kirk, o sea, Shatner, constituía el ejemplo supremo de un hombre que sabía que no sabía, que estaba totalmente dispuesto a admitirlo y no quería marcharse de allí sin comprender las cosas. Lo cual considero heroico. Ojalá todos los estudiantes compartieran su misma actitud.

Durante el tratamiento para el cáncer, cuando me explicaron que solo el 4 por ciento de los pacientes con cáncer de páncreas sobreviven cinco años más, me vino a la cabeza una frase de la película de Star Trek *La ira de Khan*. En la película, los cadetes de la Flota Estelar se entrenan en un escenario simulado donde, hagan lo que hagan, toda la tripulación termina muerta. La película cuenta que cuando Kirk era cadete reprogramó la simulación porque «no creía en un escenario donde no se pudiera ganar».

A lo largo de los años algunos de mis colegas académicos más sofisticados han arrugado la nariz ante mi pasión por *Star Trek*. Pero, desde el principio, nunca ha dejado de serme útil.

Cuando Shatner se enteró de mi diagnóstico, me envió una foto suya caracterizado de Kirk. Con la siguiente frase manuscrita: «No creo en un escenario donde no se puede ganar».

10

Ganar a lo grande

Uno de mis primeros sueños de infancia consistía en ser el tío más enrollado de cualquier parque de atracciones o feria que visitara. Además, siempre supe cómo se conseguía ese estatus.

No costaba nada reconocer al chaval más enrollado: era el que se paseaba por ahí con el peluche más grande. De niño, lo que yo veía era a alguien caminando a lo lejos con la cabeza y el cuerpo prácticamente ocultos por un animal de peluche enorme. No importaba si era un Adonis remilgado o un pringado al que no le llegaban los brazos para agarrar el peluche. Si tenía el animal más grande, entonces era el tío más enrollado de la feria.

Mi padre opinaba lo mismo. En una noria se sentía desnudo si no llevaba consigo un enorme oso o mono recién ganado en la feria. Dada la competitividad de nuestra familia, los juegos para conseguirlos se convirtieron en auténticas batallas. ¿Quién de nosotros lograría capturar la bestia más grande del reino de los animales de peluche?

¿Alguna vez os habéis paseado por una feria ambulante con un peluche gigante? ¿Alguna vez habéis observado con qué envidia te mira la gente? ¿Alguna vez habéis cortejado a una mujer con un animal de peluche? Yo sí... ¡y me casé con ella!

Los animales de peluche gigantes han ejercido un papel decisivo en mi vida desde el principio. Una vez, cuando yo tenía tres años y mi hermana cinco, estábamos en la sección de juguetes de unos grandes almacenes y mi padre nos prometió que nos compraría el que quisiéramos si conseguíamos ponernos de acuerdo y compartirlo. Buscamos por toda la sección y al final levantamos la vista y en el estante más alto descubrimos un conejo de peluche gigantesco.

—¡Queremos ese! —dijo mi hermana.

Probablemente era el juguete más caro de toda la tienda. Pero mi padre era un hombre de palabra. Y por tanto nos lo compró. Supongo que le pareció una buena inversión. En una casa siempre había sitio para otro peluche enorme.

Cuando ya de adulto empecé a aparecer con peluches cada vez mayores, mi padre sospechaba que los conseguía con sobornos. Daba por sentado que esperaba a los ganadores junto a las cabinas de tiro y le pagaba cincuenta dólares a un tipo que no comprendía hasta qué punto un peluche gigante podía cambiar la imagen que proyectaba. Pero jamás pagué por un animal de peluche.

Y nunca hice trampas.

Vale, admito que me inclinaba un poco. Es la única manera de ensartar todos los aros. Me inclinaba, pero no soy un tramposo.

Sin embargo, muchos de mis triunfos no fueron presenciados por mi familia. Y sabía que eso incrementaba las sospechas. Pero descubrí que la mejor manera de ganar peluches es no sufrir la presión de tener a la familia como público. Además, tampoco quería que supieran lo mucho que tardaba en conseguirlos. La tenacidad es una virtud, pero no siempre es necesario que todo el mundo contemple el empeño con que trabajas.

¿Alguna vez os habéis paseado por ahí con un peluche gigante?

Ahora estoy listo para revelar que existen dos secretos para ganar peluches gigantes: brazos largos y una pequeña cantidad de ingresos discrecionales. La vida me ha bendecido con ambos.

Hablé de mis animales de peluche en mi última lección y enseñé algunas fotografías. Sabía perfectamente lo que estarían pensando los cínicos expertos en tecnología: en esta era de manipulación digital de la imagen, tal vez los osos de peluche no estuvieran realmente en la foto conmigo. O quizá convenciera a los auténticos ganadores para que me dejaran sacar una foto con sus premios.

¿Cómo podía, en estos tiempos tan cínicos, convencer al público de que los había ganado de verdad? Bueno, les mostraría los peluches de verdad. Así que hice salir al escenario a algunos de mis estudiantes cargados con los enormes animales de peluche que había ganado a lo largo de los años.

Ya no necesito trofeos. Y aunque sé que a mi mujer le encanta el oso de peluche que colgué en su despacho cuando estábamos saliendo, tres hijos después, no quiere que un ejército de peluches abarrote la casa nueva. (Además, sueltan bolas de espuma que Chloe se lleva a la boca.)

Yo sabía que si conservaba los peluches, algún día Jai acabaría donándolos a una organización benéfica tipo Goodwill. O peor todavía, ¡se sentiría incapaz de hacerlo! Por eso decidí regalárselos a mis amigos.

De modo que, una vez alineados los animales en el escenario, anuncié: «Quien quiera conservar un pedacito de mí, en cuanto termine la conferencia puede venir a por un oso; el primero que llegue, se lo queda».

Todos los peluches gigantes encontraron enseguida un nuevo hogar. Pasados unos días, me enteré de que uno de los animales se lo había llevado una estudiante de Carnegie Mellon que, como yo, tenía cáncer. Se había acercado al escenario después de la charla y había elegido un elefante gigante. Me gustó el simbolismo. Tiene el elefante en la habitación.

11

El lugar más feliz del mundo

En 1969, cuando tenía ocho años, mi familia cruzó el país para ir a Disneylandia. Fue toda una aventura. Y cuando llegamos a nuestro destino, quedé maravillado. En la vida había visto un lugar más alucinante.

Mientras hacía cola con los demás niños, solo podía pensar que me moría de ganas por hacer todas aquellas cosas.

Pasadas un par de décadas, cuando me doctoré en ciencias informáticas por la Carnegie Mellon, me pareció que el título me cualificaba para hacer cualquier cosa, de modo que corrí a enviar mi currículo a Walt Disney Imagineering. Y me respondieron con una de las cartas de rechazo más bonitas que jamás haya recibido. Por lo visto habían revisado mi solicitud pero en ese momento no tenían «ningún puesto disponible» que requiriese de mi «preparación».

¿Ninguno? ¡Es una empresa famosa por contratar ejércitos enteros de gente para que le barran las calles! ¿Disney no tenía un empleo para mí? ¿Ni siquiera de barrendero?

Menudo bajón. Pero no olvidé lo esencial: los muros existen por alguna razón. Y no es para mantenernos fuera. Los muros existen para darnos la oportunidad de demostrar hasta qué punto deseamos algo.

Saltemos a 1995. Por esas fechas ejercía de profesor en la Universidad de Virginia y había participado en la elaboración de un sistema llamado «Realidad Virginia a cinco dólares diarios». En esa época los expertos en realidad virtual insistían en que necesitaban medio millón de dólares para hacer cualquier cosa. Mis colegas y yo construimos nuestra pequeña versión del hangar de Hewlett-Packard y montamos un sistema de realidad virtual de bajo presupuesto que funcionaba. Al mundo de la ciencia informática le pareció una maravilla.

Poco tiempo después, me enteré de que Disney Imagineering estaba trabajando en un proyecto de realidad virtual. Era secreto, una atracción de Aladino que permitiría a la gente volar en una alfombra mágica. Telefoneé a Disney y les expliqué que era un investigador de la realidad virtual interesado en el proyecto. Insistí hasta el ridículo, mientras ellos me pasaban unos a otros hasta que al final me pusieron en contacto con un tal Jon Snoddy. Resultó que era la mente brillante que dirigía el equipo. Me sentí como si hubiera telefoneado a la Casa Blanca y me hubieran pasado al presidente.

Charlamos un rato y luego le dije a Jon que pensaba viajar a California. ¿Podíamos reunirnos? (La verdad es que si aceptaba, la única razón de mi viaje sería quedar con él. ¡Habría ido a Neptuno para verle!) Contestó que vale. Ya que yo iba a ir de todos modos, podíamos almorzar juntos.

Antes de ir a verle, trabajé ochenta horas en casa. Pedí a todos los ases de la realidad virtual que conocía que compartieran conmigo sus opiniones y dudas acerca del proyecto de Disney.

De ahí que, cuando por fin conocí a Jon, logré que le impresionara mi preparación. (Es fácil parecer listo cuando repites como un loro lo que te ha dicho gente inteligente.) Después, al final del almuerzo, se lo pregunté.

—Estoy a punto de tomarme un período sabático —dije.

—¿El qué? —preguntó.

Y esa fue la primera pista del choque entre la cultura académica y la empresarial al que tendría que enfrentarme.

Tras explicarle la filosofía de los períodos sabáticos, le pareció buena idea que dedicara el mío a colaborar con su equipo. El acuerdo era el siguiente: me incorporaría al grupo durante seis meses, trabajaría en un proyecto y luego publicaría un artículo sobre el tema. Estaba emocionado. Resultaba inaudito que un experto en Imagineering invitara a un académico como yo a participar en un proyecto secreto.

El único problema estaba en que necesitaba que mis jefes me dieran permiso para un período sabático tan excéntrico.

Pues bien, todo cuento de Disney necesita de un villano, y el mío resultó ser cierto decano de la Universidad de Virginia. Al decano «Wormer» (como lo bautizó Jai en honor a la película *Desmadre a la americana*) le preocupaba que Disney extrajera de mi cabeza la «propiedad intelectual» que por derecho pertenecía a la universidad. Se opuso a mi proyecto. Le pregunté si al menos le parecía una buena idea. Y me contestó: «No tengo ni idea de si es buena idea». Lo que demuestra que, en ocasiones, los muros más impenetrables están construidos de carne y hueso.

Como con el decano Wormer no íbamos a ninguna parte, expuse mi caso al decano encargado de las investigaciones subvencionadas. Le pregunté si le parecía buena idea lo que pensaba hacer. Me contestó: «Me falta información para opinar. Pero lo que sí sé es que tengo a uno de los miembros estrella de la facultad en el despacho y le veo muy emocionado. Así que, cuéntame más».

Mi hermana y yo en la atracción de Alicia. Yo solo podía pensar: «Me muero por hacer cosas como esta».

Pues bien, de aquí pueden extraer una buena lección administradores y directivos. Los dos decanos dijeron lo mismo: no sabían si lo que tenía pensado para el período sabático era buena idea. Pero ¡mira de qué modo tan distinto lo dijeron!

Al final me permitieron tomarme el medio año sabático, otra fantasía hecha realidad. De hecho, tengo que confesar una cosa. Para que veáis si soy un colgado de la tecnología: en cuanto llegué a California, me subí a un descapotable y fui directo a las oficinas centrales de Disney Imagineering. Era una cálida noche de verano y la banda sonora de *El rey león* sonaba a todo volumen en el equipo del coche. Las lágrimas empezaron a resbalar por mi cara en cuanto me acerqué al edificio. Allí estaba yo, la versión adulta de aquel niño de ocho años que miraba Disneylandia con los ojos como platos. Por fin había llegado. Era un diseñador.

III

AVENTURAS...
Y LECCIONES
APRENDIDAS

12

El parque abre hasta las ocho de la tarde

Mi odisea médica empezó en el verano de 2006, cuando sentí por primera vez un ligero dolor inexplicable en la zona alta del abdomen. Después llegó la ictericia y mis médicos supusieron que tendría hepatitis. Resultó que se hacían ilusiones. Las tomografías computarizadas revelaron un cáncer pancreático y me bastaron diez segundos en Google para descubrir hasta qué punto ese diagnóstico era una mala noticia. El cáncer de páncreas tiene la tasa de mortalidad más alta de todos los cánceres; la mitad de los diagnosticados mueren antes de seis meses y el 96 por ciento de los enfermos fallece en los cinco años siguientes.

Me enfrenté al tratamiento como me enfrento a tantas otras cosas, como un científico. Y por tanto pregunté montones de datos concretos y terminé planteando hipótesis mano a mano con los médicos. Grabé en cintas las conversaciones con los facultativos para poder escuchar sus explicaciones en casa con más atención. Descubrí ignotos artículos que llevaba conmigo en las visitas médicas. A los médicos no parecía incordiarles. De hecho, a la mayoría les parecía un paciente divertido porque me involucraba mucho en todo. (Ni siquiera parecieron molestarse cuando me llevé refuerzos: mi amiga y colega Jessica Hodgins me acompañaba a las visitas para ayudarme, tanto con su apoyo como con sus brillantes dotes investigadoras, a entender toda la información médica.)

Expuse a los médicos que estaba dispuesto a aguantar cualquier arma de su arsenal quirúrgico y que me tragaría cualquier cosa que guardaran en el armario de las medicinas porque tenía un objetivo claro: quería vivir todo lo posible por Jai y los niños. En mi primera cita con el cirujano de Pittsburgh, Herb Zeh, le dije: «Seamos claros. Mi meta es estar vivo y en su folleto dentro de diez años».

Resultó que yo pertenecía a esa minoría de pacientes que pueden beneficiarse de lo que se conoce como «operación Whipple» en honor al médico que, en la década de 1930, ideó ese complejo procedimiento. En los años setenta, solo la cirugía mataba al 25 por ciento de los pacientes. Ya en el año 2000, el riesgo de morir durante la operación no alcanzaba el 5 por ciento si la realizaban especialistas experimentados. Con todo, sabía que me esperaba una temporada brutal, en especial porque tras la cirugía vendría un régimen extremadamente tóxico de quimioterapia y radiación.

En la operación, el doctor Zeh me extirpó no solo el tumor, sino también la vesícula biliar, un tercio del páncreas y un tercio del estómago, además de varios centímetros de intestino delgado. En cuanto me recuperé de la cirugía, me pasé dos meses en el Centro Oncológico MD Anderson de Houston, recibiendo potentes dosis de quimioterapia y altas dosis diarias de radiación en el abdomen. Bajé de ochenta y dos a sesenta y dos kilos y al final apenas podía andar. En enero, volví a Pittsburgh y las tomografías no mostraban rastros del cáncer. Poco a poco recuperé las fuerzas.

En agosto, regresé al MD Anderson para la revisión trimestral. Jai y yo volamos juntos a Houston y dejamos a los niños en casa con una niñera. Enfocamos el viaje como si de una escapada romántica se tratara. Hasta fuimos a un parque acuático el día antes —ya lo sé, pero es mi idea de escapada romántica— y me tiré por un tobogán rapidísimo con una sonrisa de oreja a oreja.

Entonces, el 15 de agosto de 2007, un miércoles, Jai y yo acudimos al MD Anderson a revisar los resultados de las últimas tomografías con mi oncólogo, el doctor Robert Wolff. Nos mandaron pasar a una sala de consultas, donde una enfermera me hizo unas cuantas preguntas de rutina. «¿Cambios de peso, Randy? ¿Sigues tomando la misma medicación?» Jai se fijó en la voz alegre y cantarina de la enfermera al marcharse, en el tono animado con que nos dijo que el doctor nos atendería enseguida mientras cerraba la puerta al salir.

La consulta tenía un ordenador y la enfermera había olvidado salir del sistema, por tanto mi historia clínica seguía en pantalla. Yo me manejo bien con los ordenadores, claro, pero en este caso en particular no hacía falta *hackear* nada. Estaba todo a la vista.

Le propuse a Jai echar un vistazo. No me despertaba ningún reparo lo que iba a hacer. Al fin y al cabo, era mi historial.

Tecleé un poco y encontré el informe sobre los análisis de sangre. Habría unos treinta valores hematológicos que no entendía, pero sabía el que andaba buscando: el marcador tumoral CA 19-9. Cuando di con él, la cifra era aterradora: 208. Un valor normal estaría por debajo de 37. Lo miré solo un segundo.

—Se acabó —le dije a Jai—. Todo el pescado está vendido.

—¿Qué quieres decir?

Le dije el valor de mi CA 19-9. Mi mujer se había informado lo suficiente sobre el tratamiento del cáncer para saber que 208 indicaba metástasis: era una sentencia de muerte.

—No tiene gracia. Deja ya de bromear —me pidió.

A continuación consulté las tomografías computarizadas en el ordenador y me puse a contar.

—Uno, dos, tres, cuatro, cinco, seis...

—No estarás contando tumores... —La voz de Jai transmitía pánico.

No pude evitarlo. Continué contando en voz alta.

—Siete, ocho, nueve, diez... —Lo vi todo. El cáncer había metastatizado en el hígado.

Jai se acercó al ordenador, lo vio todo claramente con sus propios ojos y se me echó a los brazos. Lloramos. Y entonces caí en la cuenta de que en la consulta no había pañuelos de papel. Acababa de enterarme de que estaba a punto de morir y me dio por pensar: «En una sala como esta, en un momento así, debería haber un paquete de Kleenex, ¿no? Es un fallo flagrante de funcionamiento».

Llamaron a la puerta. El doctor Wolff entró en la consulta con una carpeta en la mano. Paseó la vista de Jai a mí y luego a las tomografías del ordenador y supo lo que había pasado. Decidí adelantarme: «Lo sabemos», le dije.

Para entonces Jai estaba prácticamente en estado de shock, presa de un llanto histérico. Yo también me sentía triste, cómo no, pero al mismo tiempo me fascinaba la manera en que el doctor Wolff acometía su lúgubre tarea ante mis ojos. Se sentó junto a Jai a consolarla. Le explicó con calma que ya no trabajaría para salvarme la vida.

—Lo que intentaremos hacer —le dijo— es alargar el tiempo que le quede a Randy de manera que disfrute de la mejor calidad de vida posible. Tal y como están las cosas, la ciencia médica no puede ofrecerle nada para proporcionarle una esperanza de vida normal.

—Un momento, espere —interrumpió Jai—. ¿Me está diciendo que se acabó? Así, sin más, ¿que hemos pasado de «vamos a luchar contra el cáncer» a «hemos perdido la batalla»? ¿Y un trasplante de hígado?

No, una vez se produce la metástasis ya no es posible. El doctor Wolff habló de recurrir a la quimioterapia paliativa —un tratamiento que no busca la curación, pero puede aliviar los síntomas, tal vez prolongar la vida unos meses— y de encontrar métodos para que mi vida fuera más cómoda y activa a medida que se aproximara el final.

Todo ese cambio espantoso se me antojaba surrealista. Sí, me sentía aturdido y perdido, por mí y sobre todo por Jai, que no podía parar de llorar. Pero mi parte más fuerte se aferró al modo Randy el Científico, reuniendo datos e interrogando al doctor acerca de las opciones posibles. Al mismo tiempo, otra parte de mí participaba extrañamente del drama que estábamos viviendo. Estaba verdaderamente impresionado —intimidado, de hecho— por el modo en que el doctor Wolff le comunicaba la noticia a Jai. Pensé para mí: «Es digno de ver. Salta a la vista que ya lo ha hecho muchas veces, y se le da bien. Lo tiene muy ensayado y, sin embargo, sigue pareciendo sentido y espontáneo».

Tomé nota del modo en que el médico se recostaba en la silla y cerraba los ojos antes de responder a una pregunta, casi como si el gesto le ayudara a pensar. Observé la postura de su cuerpo, la manera de sentarse junto a Jai. Me descubrí casi indiferente a lo que ocurría, pensando: «No le rodea los hombros con el brazo. Lo entiendo. Resultaría demasiado impertinente. Pero se inclina hacia ella, apoya la mano en su rodilla. Sí, señor, este tío es muy bueno».

Deseé que todos los estudiantes de medicina dispuestos a dedicarse a la oncología pudieran presenciar lo que yo estaba viendo. Observé al doctor Wolff utilizar la semántica para exponer bajo una luz positiva todo lo que fuera posible. Cuando le preguntamos cuánto tiempo de vida me quedaba, contestó: «Probablemente disfrutará de entre tres y seis meses de buena salud». Me recordó mi viaje a Disneylandia. Si le preguntas a cualquier trabajador de Disney World a qué hora cierra el parque, se supone que deben contestar: «El parque abre hasta las ocho de la tarde».

En cierto modo, sentí un alivio extraño. Jai y yo llevábamos demasiados meses de tensión esperando a ver si el tumor regresaba y cuándo lo haría. Y había regresado, ahora tenía un ejército entero de tumores. La espera había concluido. Ya podíamos pasar a enfrentarnos a la siguiente fase.

Al final de la visita, el médico abrazó a Jai y me estrechó la mano, y mi mujer y yo salimos juntos hacia nuestra nueva realidad.

Al abandonar la consulta, me acordé de lo que le había dicho a Jai en el parque acuático después de lanzarme por el tobogán. «Incluso aunque los resultados de mañana sean malos —le había dicho—, quiero que sepas que estar vivo es maravilloso, estar hoy aquí, contigo. Diga lo que diga el TAC, no me voy a morir cuando me entere. No voy a morirme al día siguiente, ni al otro, ni al cabo de tres. Así que hoy, ahora, bueno, es un día maravilloso. Y quiero que sepas lo mucho que lo estoy disfrutando.»

Pensé en eso y en la sonrisa de Jai.

Entonces lo supe. Así era como debía vivir el resto de mi vida.

13

El hombre del descapotable

Una mañana, bastante después de que me diagnosticaran el cáncer, recibí un correo electrónico de Robbee Kosak, vicerrectora de fomento de Carnegie Mellon. En él me contaba una historia.

Decía que la noche antes volvía a casa en su coche y había acabado detrás de un descapotable conducido por un hombre. Era una noche de principios de primavera, cálida, magnífica, y el hombre había bajado la capota y las ventanillas. Llevaba el brazo apoyado por fuera de la portezuela y con los dedos seguía el ritmo de la música que sonaba en la radio. También balanceaba la cabeza al son de la música mientras se dejaba despeinar por el viento.

Robbee cambió de carril y se acercó un poco más. Desde el lado, distinguió una ligera sonrisa en la cara del hombre, la clase de sonrisa ausente que uno esboza cuando está solo, felizmente inmerso en sus propios pensamientos. A Robbee se le ocurrió que aquel era el epítome de una persona que estaba disfrutando de aquel momento y aquel día concretos.

Al final el descapotable giró en una esquina y por fin Robbee pudo verle la cara al conductor. «Dios mío —pensó—, ¡si es Randy Pausch!»

Le impresionó verme. Sabía que mi diagnóstico de cáncer no era bueno. Y sin embargo, tal como me escribió en el e-mail, le emocionó verme tan contento. Resultaba evidente que en aquel momento tan privado estaba de excelente humor. Robbee me escribió: «No tienes idea de cómo me alegró el día verte así. Me recordó el significado de la vida».

Leí varias veces el correo de Robbee. Lo considero una especie de bucle de retroalimentación.

No siempre me ha resultado fácil mantener un espíritu positivo a lo largo del tratamiento. Cuando tienes un problema médico tan grave cuesta saber en realidad cómo te estas desenvolviendo emocionalmente. Me había preguntado si una parte de mí actuaba cuando estaba con gente. Quizá a veces me obligase a fingirme fuerte y optimista. Muchos pacientes de cáncer se sienten obligados a aparentar valentía. ¿Estaba yo también haciendo eso?

Pero Robbee me había pillado con la guardia baja. Me gustaría pensar que me vio tal como soy. Desde luego me vio cómo era esa tarde.

Su correo electrónico ocupaba solo un párrafo, pero para mí significó mucho. Me había proporcionado una ventana a mí mismo. Todavía estaba comprometido al cien por cien. Todavía sabía que la vida es buena. Me iba bien.

14

El tío holandés

Todo el que me conoce os dirá que siempre he tenido una idea muy sana de quién soy y cuáles son mis capacidades. Tiendo a decir lo que pienso y creo. No tengo mucha paciencia frente a la incompetencia.

Son todos rasgos de mi personalidad que me han sido muy útiles. Pero hay veces que, lo creáis o no, he pasado por arrogante y carente de tacto. En esas ocasiones las personas que pueden ayudarte a recalibrarte se vuelven cruciales.

Mi hermana Tammy tuvo que soportar el no va más del hermano sabelotodo. Yo siempre estaba diciéndole lo que tenía que hacer, como si el orden en que habíamos nacido fuera un error que me empeñara en corregir.

Una vez, cuando yo tenía siete años y Tammy nueve, estábamos esperando el autobús escolar y, como de costumbre, yo estaba fanfarroneando de algo. Tammy decidió que ya había tenido bastante. Cogió mi fiambrera de metal y la tiró a un charco de barro... justo cuando frenaba el autobús. Ella acabó en el despacho del director mientras que a mí me mandaron con el conserje, que me limpió la fiambrera, tiró el bocadillo empapado y, muy amablemente, me dio dinero para almorzar.

El director le explicó a Tammy que había hablado por teléfono con nuestra madre. «Voy a dejar que ella se encargue del asunto», le dijo. Cuando llegamos a casa después de clase, mi madre nos dijo: «Voy a dejar que vuestro padre se encargue de esto». Mi hermana se pasó el resto del día muy nerviosa por lo que podía depararle el destino.

Cuando mi padre llegó a casa del trabajo, escuchó lo ocurrido y reaccionó con una sonrisa. No iba a castigar a Tammy. ¡Solo le faltó felicitarla! Por lo visto, yo era un niño que necesitaba que le tirasen el almuerzo a un charco. Tammy sintió un gran alivio y a mí me habían puesto en mi sitio... aunque parece que no aprendí la lección.

Cuando ingresé en la Brown University ya poseía ciertas habilidades y la gente sabía que era consciente de ello. Mi buen amigo Scott Sherman, a quien conocí en primero, me recuerda como alguien «completamente carente de tacto, reconocido universalmente como la persona capaz de ofender más rápido a un recién conocido».

Por lo general no me enteraba de la impresión que daba, en parte porque las cosas parecían funcionar y tenía éxito académico. Andy van Dam, el legendario profesor de ciencias informáticas de la universidad, me nombró ayudante suyo. A «Andy van Demanda», como le llamaban, le caía bien. Me apasionaban muchas cosas, lo cual era un rasgo admirable. Pero como tantas otras personas, mis virtudes coincidían con mis defectos. Según Andy, poseía un autocontrol extremo, un desparpajo más que exagerado y llevaba la contraria de manera inflexible, sin callarme jamás una opinión.

Un día Andy me llevó a dar una vuelta. Me pasó un brazo sobre los hombros y me dijo: «Randy, es una pena que la gente te tenga por arrogante, porque limitará tus posibilidades en la vida».

Visto ahora, su elección de palabras me parece perfecta. En realidad me estaba diciendo que me comportaba como un gilipollas. Pero me lo expuso de tal modo que tuve que ser receptivo a la crítica, aceptar que mi héroe me dijera algo que yo necesitaba escuchar. En inglés hay una vieja expresión para aludir a alguien que te critica con franqueza: le llamamos «un tío holandés». Poca gente se molesta hoy en reaccionar con franqueza, de modo que la expresión empieza a sonar anticuada, incluso desconocida. (Y lo mejor de todo: Andy es holandés de verdad.)

Desde que mi conferencia empezó a correr por internet, no son pocos los amigos que me han tomado el pelo llamándome san Randy. Es su modo de recordarme que ha habido otros momentos en que se me ha descrito con palabras, digamos, más coloristas.

Pero me gusta pensar que mis defectos pertenecen más al terreno social que a una categoría moral. Y a lo largo de los años he tenido la suerte de contar con gente como Andy, personas que me han apreciado lo bastante para decirme cuatro verdades cuando he necesitado escucharlas.

15
Tirar refresco en el asiento de atrás

Durante mucho tiempo gran parte de mi identidad se reducía a ser «el tío soltero». En la veintena y la treintena no tenía hijos y en cambio mi hermana tenía dos, Chris y Laura, que se convirtieron en objeto de todo mi afecto. Me deleitaba siendo el tío Randy, el tipo que aparecía en sus vidas una vez al mes y les ayudaba a ver el mundo desde nuevas y extrañas perspectivas.

No los malcriaba. Sencillamente intentaba mostrarles mi punto de vista sobre la vida, cosa que a veces ponía de los nervios a mi hermana.

Una vez, hará unos doce años, cuando Chris tenía siete años y Laura nueve, pasé a recogerlos en mi descapotable Volkswagen Cabrio recién estrenado. «Cuidado con el coche de tío Randy —les advirtió mi hermana—. Limpiaos los zapatos antes de subir. No toquéis nada. No lo ensuciéis.»

Yo la escuché y pensé como solo puede pensar un tío soltero: «Justo la clase de advertencia que prepara a los niños para el fracaso. Pues claro que terminarán ensuciando el coche. Los niños no pueden evitarlo». De modo que facilité las cosas. Mientras mi hermana les exponía las normas, abrí poco a poco una lata de refresco y la volqué a propósito, vaciándola sobre los asientos traseros del descapotable. Mi mensaje: las personas son más importantes que las cosas. Un coche, incluso una joya prístina como mi nuevo descapotable, no era más que una cosa.

Mientras vertía la bebida, observé las caras boquiabiertas de Chris y Laura, que tenían los ojos como platos. Otra vez el loco del tío Randy rebelándose contra las normas de los adultos.

Al final me alegré de haber derramado aquel refresco. Porque esa misma semana, el pequeño Chris cogió la gripe y vomitó en el asiento trasero. No se sintió culpable. Se sintió aliviado: ya me había visto bautizar el coche. Chris sabía que no pasaría nada.

Cuando los niños estaban a mi cargo, solo teníamos dos reglas:

1) Nada de lloriqueos.
2) Cualquier cosa que hiciéramos no se le contaba a mamá.

No contárselo a mamá convertía todo lo que hacíamos en una aventura de piratas. Incluso lo más prosaico resultaba mágico.

La mayoría de los fines de semana, Chris y Laura pasaban por mi piso y los llevaba a comer a Chuck E. Cheese, a dar una vuelta o a visitar un museo. Los fines de semana especiales transcurrían en un hotel con piscina.

A los tres nos gustaba preparar creps juntos. Mi padre siempre se había preguntado por qué los creps tenían que ser redondos. Yo les preguntaba lo mismo. De modo que hacíamos creps con formas raras de animales. Ello implicaba una falta de cuidado que me gusta, porque cada crep con forma de animal venía a ser un involuntario test de Rorschach. Chris y Laura solían quejarse de que no nos salía el animal que queríamos. Pero así mirábamos el resultado e imaginábamos a qué animal se parecía.

He visto a Laura y Chris convertirse en unos jóvenes magníficos. Laura ahora tiene veintiún años y su hermano diecinueve. Hoy agradezco más que nunca haber formado parte de su niñez, porque me he dado cuenta de una cosa: es muy improbable que llegue a ser padre de un niño mayor de seis años. De ahí que valore todavía más el tiempo que compartí con Chris y Laura. Me regalaron la suerte de estar presente en sus años de preadolescencia, adolescencia y madurez.

Hace poco les he pedido un favor. Cuando muera, me gustaría que llevaran por ahí a mis hijos los fines de semana. Que se diviertan como les plazca. No tienen por qué hacer lo mismo que hacíamos nosotros. Que dejen decidir a mis hijos. A Dylan le gustan los dinosaurios. Así que tal vez Chris y Laura podrían llevarlo al museo de Historia Natural. A Logan le gustan los deportes: pues que lo lleven a ver los Steelers. Y a Chloe le encanta bailar. Ya se les ocurrirá algo.

También quiero que mis sobrinos les cuenten algunas cosas a mis hijos. Podrían empezar diciendo sencillamente: «Vuestro padre nos pidió que estuviéramos con vosotros, igual que él pasó muchos ratos con nosotros». Confío en que también les cuenten que luché con todas mis fuerzas para seguir con vida. Que recibí los tratamientos más duros que me ofrecieron porque quería estar disponible para mis hijos el máximo de tiempo posible. Es el mensaje que les he pedido que transmitan a mis hijos.

Ah, una cosa más. Si mis hijos les ensucian el coche, espero que Chris y Laura se acuerden de mí y sonrían.

16
Cortejar a un muro

El muro más formidable con el que me he topado en la vida medía un metro sesenta y siete centímetros de alto y era bellísimo. Pero me hizo llorar, replantearme toda mi vida y, completamente desvalido, llamar a mi padre en busca de consejo para escalarlo.

Ese muro era Jai.

Como conté en la conferencia, siempre tuve cierta adicción a cargar contra los muros que me encontraba en la vida profesional. No le relaté al público la historia completa de cómo conquisté a mi mujer porque sabía que me emocionaría demasiado. No obstante, lo que conté en escena podría aplicarse perfectamente a mis principios con Jai: «... Los muros están para frenar a la gente que no desea suficientemente algo. Están para frenar a los demás».

Cuando conocí a Jai era un soltero de treinta y siete años. Había pasado mucho tiempo saliendo con chicas, divirtiéndome y luego perdiendo por el camino a novias que buscaban una relación más seria. Durante años no sentí la necesidad de asentarme. Incluso vivía en un ático sin ascensor de cuatrocientos cincuenta dólares mensuales aunque mi plaza de profesor titular me daba para permitirme un hogar mejor. Ni siquiera mis alumnos de posgrado hubieran vivido en un sitio así porque lo consideraban por debajo de su posición. Pero para mí era perfecto.

Una vez un amigo me preguntó:

—¿A qué clase de mujer esperas impresionar trayéndola aquí?

—A la clase correcta —repuse.

Pero ¿a quién quería engañar? Era un Peter Pan enamorado de la juerga y adicto al trabajo con sillas plegables de metal en el comedor. Ninguna mujer, ni siquiera de la clase correcta, echaría raíces feliz en un lugar así. (Y cuando por fin Jai llegó a mi vida, tampoco lo hizo.) Desde luego, tenía un buen trabajo y otros puntos a mi favor. Pero no era la idea que tiene una mujer del marido ideal.

Conocí a Jai en el otoño de 1998, cuando me invitaron a dar una charla acerca de la tecnología de la realidad virtual en la Universidad de Carolina del Norte, en Chapel Hill. Jai, por entonces, estudiaba un posgrado de literatura comparada; tenía treinta y un años, y trabajaba a tiempo parcial en el departamento de ciencias informáticas. Se encargaba de atender a los invitados de los laboratorios, ya fueran premios Nobel o escuadrones de *girl scouts*. Aquel día en particular, su trabajo sería hacerme de anfitriona.

Jai me había visto dar una conferencia sobre grafismo informático el verano anterior en Orlando. Luego me contaría que se había propuesto acercarse a hablar conmigo al final de la charla pero no llegó a hacerlo. Cuando se enteró de que tendría que ocuparse de mí en la Universidad de Carolina del Norte, visitó mi página web para conocerme mejor. Consultó todos mis datos académicos y luego las informaciones personales más divertidas, por ejemplo, que mis aficiones favoritas eran hacer casas de pan de jengibre y coser. Vio mi edad y que no se mencionaba en ninguna parte ni esposa ni novia, aunque se incluían numerosas fotografías de mis sobrinos.

Se imaginó que sería un tipo bastante interesante y fuera de lo común, claro, y le intrigué lo suficiente como para que realizara unas cuantas llamadas entre sus amigos de la comunidad informática.

«¿Qué sabes de Randy Pausch? —preguntaba—. ¿Es gay?»

Le dijeron que no. De hecho, le contaron que tenía cierta reputación de no querer sentar la cabeza (en fin, en la medida en que un experto en ciencias informáticas puede ser considerado un «viva la Virgen»).

En cuanto a Jai, había pasado por un breve matrimonio con su amor de la universidad y, después de que aquello terminara en divorcio y sin hijos, le asustaba iniciar otra relación seria.

Desde el momento en que la conocí el día de mi visita, no pude quitarle los ojos de encima. Es un bellezón, por supuesto, y entonces lucía una maravillosa melena larga y una sonrisa que delataba su calidez y picardía. Me llevaron a un laboratorio para que los estudiantes me mostraran sus proyectos de realidad virtual, pero me costó concentrarme con Jai presente.

Enseguida me lancé a conquistarla con bastante descaro. Lo cual, en un entorno profesional como aquel, se traduce en que la miraba a los ojos mucho más de lo que resultaba decoroso. Luego Jai me confesaría: «No sabía si lo hacías con todas o solo conmigo». Creedme, solo con ella.

En algún momento del día Jai se sentó conmigo para comentar la posibilidad de que realizara algún proyecto de software en su universidad. Para entonces ya me tenía el corazón robado. Esa noche tenía que asistir a una cena formal de la facultad, pero le ofrecí salir después a tomar una copa. Aceptó.

Durante la cena no logré concentrarme. Deseaba que todos aquellos profesores universitarios masticaran más rápido. Convencí a todo el mundo de que no tomara postre. Y salí de allí antes de las ocho y media. Llamé a Jai.

Fuimos a un bar de vinos, aunque yo no bebo, y enseguida noté un magnetismo que me decía que aquella era la mujer con la que quería estar. Según el programa debía coger el avión de vuelta a casa a la mañana siguiente, pero le dije que lo cambiaría si aceptaba una cita conmigo para el día siguiente. Aceptó y lo pasamos de miedo.

A mi regreso a Pittsburgh, le ofrecí mi descuento de viajero habitual y le pedí que fuera a visitarme. Estaba claro que sentía algo por mí, pero tenía miedo: tanto de mi reputación, como de la posibilidad de enamorarse.

Me escribió un correo electrónico: «No voy a ir. Me lo he pensado, y no me apetece una relación a distancia. Lo siento».

Yo estaba pillado, claro, y aquel me pareció un muro que estaba a mi alcance. Le envié una docena de rosas y una tarjeta que decía: «Aunque me entristece profundamente, respeto tu decisión y te deseo lo mejor. Randy».

Bueno, funcionó. Jai cogió el avión.

Lo admito: no soy ni un romántico incurable ni una persona maquiavélica. Pero quería que Jai formara parte de mi vida. Me había enamorado, aunque ella todavía estuviera buscando su camino.

Ese invierno nos vimos casi todos los fines de semana. Aunque a Jai no le entusiasmaba mi brusquedad ni mi actitud de sabelotodo, le parecía la persona más positiva y optimista que había conocido. Y además, ella me ayudaba a sacar otras cosas buenas de mi carácter. Me descubrí preocupado por su bienestar y felicidad por encima de todo.

Con el tiempo le pedí que se instalara en Pittsburgh. Le ofrecí un anillo de compromiso, pero sabía que todavía tenía miedo y que el compromiso la espantaría. De modo que no la presioné; ella se avino a dar un primer paso: trasladarse, pero a su propio apartamento.

En abril, conseguí impartir un seminario de una semana en la Universidad de Carolina del Norte. De ese modo podría ayudarla en su mudanza y trasladaríamos sus pertenencias juntos en coche.

Una vez en Chapel Hill, Jai me dijo que teníamos que hablar. Nunca la había visto tan seria.

Me dijo que lo sentía mucho, pero que no podía irse a Pittsburgh.

Yo no entendía qué le pasaba por la cabeza. Le pedí una explicación.

Su respuesta: «No puede salir bien». Se suponía que yo sabía el porqué.

«Yo... —me dijo— no te quiero de la manera que tú esperas que te quiera. —Y, para mayor énfasis, añadió—: No te amo.»

Estaba horrorizado, desconsolado. Fue un puñetazo en el estómago. ¿Lo decía de verdad?

Fue una situación muy incómoda. Jai no sabía cómo sentirse. Yo no sabía cómo sentirme. Pero necesitaba que alguien me llevara en coche al hotel. «¿Te importaría llevarme o llamo a un taxi?»

Me llevó, y una vez en el hotel, saqué mi bolsa del maletero de su coche intentando reprimir las lágrimas. Si es posible ser arrogante, optimista y sentirse completamente abatido al mismo tiempo, creo que tal vez lo logré: «Mira, voy a encontrar la manera de ser feliz y, de verdad, me encantaría serlo contigo, pero si no puedo ser feliz a tu lado, entonces encontraré la manera de serlo sin ti».

En el hotel, me pasé gran parte del día al teléfono con mis padres, explicándoles el muro de piedra contra el que acababa de estamparme. Me dieron un consejo increíble.

«Escucha —me dijo mi padre—. No creo que lo diga de corazón. No concuerda con su comportamiento hasta ahora. Le has pedido que lo deje todo y se vaya contigo. Probablemente está confusa y muerta de miedo. Si no te quiere de verdad, se acabó. Y si te quiere, el amor vencerá.»

Les pregunté qué debía hacer.

«Apóyala —me aconsejó mi madre—. Si la quieres, apóyala.»

Y así lo hice. Pasé la semana dando clase y esperando a Jai en un despacho al final del pasillo. Aunque fui a visitarla un par de veces para ver si estaba bien. «Solo quería saber cómo estabas. Si puedo hacer algo por ti, solo tienes que decírmelo.»

Al cabo de unos días, me telefoneó. «Verás, Randy. Estoy aquí sentada, echándote de menos, deseando que estuvieras conmigo. Eso tiene que significar algo, ¿no?»

Jai se había dado cuenta de que, al fin y al cabo, estaba enamorada. Una vez más, mis padres tenían razón. Había ganado el amor. A final de la semana, Jai se trasladó a Pittsburgh.

Los muros existen por una razón. Nos dan la oportunidad de demostrar cuánto deseamos algo.

17

No todos los cuentos de hadas tienen un final fácil

Jai y yo nos casamos bajo un roble centenario en el jardín de una famosa mansión victoriana de Pittsburgh. Fue una boda íntima, pero como me gustan los grandes gestos románticos, decidimos empezar nuestro matrimonio de una forma especial.

No abandonamos la recepción en un coche con una ristra de latas enganchada del parachoques trasero, sino que nos subimos a un enorme globo multicolor que nos elevó hasta las nubes mientras nuestros amigos y familiares nos deseaban buen viaje desde tierra. ¡Menudo momento Kodak!

Cuando subimos al globo Jai estaba radiante. «Es como el final de cuento de una película de Disney», me dijo.

El globo chocó con varias ramas durante la subida. No sonó exactamente como la destrucción del Hindenburg, pero nos desconcertó un poco. «No pasa nada —nos aseguró el hombre que pilotaba el globo (el aeróstata o aerostero)—. Normalmente cruzar entre ramas no da problemas.»

¿Normalmente?

También habíamos despegado un poco más tarde de lo previsto y según el piloto eso podría dificultar el vuelo porque estaba anocheciendo. Y los vientos habían cambiado. «En realidad, no controlo adónde vamos. Estamos a merced del viento. Pero no debería pasar nada.»

El globo surcó el cielo de la ciudad de Pittsburgh, sobrevolando varias veces sus tres famosos ríos. No era allí donde debíamos estar y saltaba a la vista la preocupación del piloto. «No hay sitio para aterrizar —dijo, casi para sí. Y luego, añadió para nosotros—: Habrá que seguir buscando.»

Los recién casados habían dejado de disfrutar de las vistas. Los tres viajeros buscábamos un espacio abierto oculto en el paisaje urbano. Por fin, flotamos hacia las afueras y el piloto avistó un gran prado en la distancia. Se aprestó a aterrizar el globo en aquel punto. «Debería salir bien», comentó mientras iniciábamos un rápido descenso.

Eché un vistazo al prado. Parecía bastante grande, pero me fijé en que lo bordeaba una vía férrea. Seguí el trazado con la vista. Se aproximaba un tren. En ese momento, ya no era el novio. Era un ingeniero. Le dije al piloto:

—Creo que veo una variable.

—¿Una variable? ¿Así llamáis los informáticos a los problemas?

—Bueno, sí. ¿Y si chocamos con el tren?

Contestó con sinceridad. Íbamos en la barquilla de un globo aerostático y las probabilidades de que esta chocara con el tren eran escasas. No obstante, existía cierto riesgo de que el balón en sí (llamado «envoltura») cayera sobre las vías cuando tocáramos tierra. Si el tren en marcha se enredaba con la envoltura al caer, estaríamos en el extremo equivocado de una soga, dentro de la barquilla, que saldría arrastrada. En tal caso, los daños personales serían más que posibles: serían probables.

El piloto nos aconsejó: «En cuanto este trasto toque suelo, echad a correr». No son las palabras que sueña escuchar una novia el día de su boda. En resumen, que Jai ya no se sentía como una princesa de Disney. Y yo me imaginaba como un personaje de una película de desastres, pensando en cómo salvar a mi recién estrenada esposa de la calamidad que parecía avecinarse.

Miré al piloto a los ojos. A menudo dependo de gente competente en campos que yo no domino y quería tener una idea clara de cómo veía él la situación. Su cara dejaba ver más que simple preocupación. Vi cierto pánico en su rostro. Y miedo. Miré a Jai. Hasta el momento me había gustado la vida de casado.

Mientras el globo seguía descendiendo, intenté calcular la rapidez con la que tendríamos que saltar de la barquilla y echar a correr para salvar la vida. Supuse que el piloto se las apañaría solo y si no, bueno, Jai seguía siendo prioritaria. A ella la quería. A él, acababa de conocerlo.

El hombre continuó desinflando el globo. Tiró de todas las palancas disponibles. Sencillamente quería bajar en cualquier lado, pero rápido. Llegado ese punto, sería mejor chocar contra una casa que con el tren en marcha.

La barquilla se llevó un buen golpe al aterrizar, dio varios saltos rebotando y se paró de lado, prácticamente horizontal. Pero, por fortuna, esquivó el tren. Entretanto, la gente de la autopista cercana había presenciado el aterrizaje y detuvieron los coches para correr a ayudarnos. Fue digno de verse: Jai vestida de novia; yo, trajeado; el globo desplomado y el aerostero aliviado.

La fotografía es de antes de subirnos al globo.

Estábamos bastante alterados. Mi amigo Jack había seguido en coche el recorrido del globo. Cuando por fin nos alcanzó, se alegró de encontrarnos sanos y salvos tras una experiencia cercana a la muerte.

Pasamos un rato relajándonos después de que la vida nos recordara que todos los cuentos de hadas tienen sus momentos peligrosos, mientras cargaban el globo en el camión del piloto. Luego, justo cuando Jack se disponía a llevarnos a casa, el hombre se nos acercó corriendo. «¡Esperad, esperad! ¡Habéis encargado el *pack* de novios! ¡Incluye una botella de champán!» Nos pasó una botella de champán barato desde el camión. «¡Enhorabuena!»

Sonreímos débilmente y le dimos las gracias. Empezaba a caer la noche de nuestro primer día de casados y de momento seguíamos enteros.

18

Lucy, estoy en casa

Un día caluroso, al principio de nuestro matrimonio, me encontré a Jai en casa al salir de Carnegie Mellon. Recuerdo ese día en particular porque en nuestra casa se hizo famoso como «El día en que Jai logró el doble accidente de conductor único».

Aparcábamos el monovolumen en el garaje y el Volkswagen descapotable en el caminito de entrada. Jai sacó el monovolumen sin darse cuenta de que el otro coche estaba en el camino. Resultado: un choque instantáneo y espectacular.

Lo que sigue solo prueba que a veces vivimos en un episodio de *Te quiero, Lucy*. Jai se pasó el día entero tan obsesionada como Lucy, diciéndose cómo se lo explicaría a su marido Ricky cuando regresara a casa del Club Babalu.

Le pareció mejor crear el ambiente perfecto para dar la noticia. Se aseguró de que los dos coches estuvieran en el garaje y la puerta de este, cerrada. Cuando llegué a casa, me recibió más encantadora que nunca y me preguntó cómo me había ido el día. Puso música suave de fondo. Me preparó mi plato preferido. No llevaba un négligé —no cayó esa breva— pero se esforzó para resultar la compañera perfecta.

Hacia el final de la magnífica cena, anunció: «Randy, tengo que contarte una cosa. He golpeado un coche con el otro».

Le pregunté cómo había pasado. Le pedí que me describiera los daños. Según Jai, el descapotable se había llevado la peor parte, pero los dos coches funcionaban sin problemas.

—¿Quieres ir al garaje a echarles un vistazo? —me preguntó.

—No. Acabemos primero de cenar.

Se sorprendió. No estaba enfadado. Apenas parecía importarme. Jai no tardaría en descubrir que mi comedida reacción nacía de la educación que había recibido.

Después de cenar, echamos un vistazo a los coches. Yo me limité a encogerme de hombros y la tensión que Jai había ido acumulando durante el día empezaba a disiparse. «Mañana por la mañana, pediré el presupuesto de la reparación», me prometió.

Le dije que no sería necesario. No me importaban las abolladuras. Mis padres me habían enseñado que los automóviles existen para transportarte de un lugar a otro. Son utilitarios, no una expresión del nivel social. Conviviríamos con las abolladuras y los arañazos.

Jai estaba algo desconcertada.

—¿De verdad vamos a ir por ahí con los coches abollados?

—Bueno, tienes que aceptarme con lo bueno y con lo malo —le dije—. Te gusta que no me haya enfadado por el daño ocasionado en dos «cosas» de nuestra propiedad. La otra cara de la moneda es que no creo que deban repararse cosas que todavía son capaces de cumplir su función. Los coches todavía funcionan. Los conducimos y punto.

Vale, puedo resultar estrafalario. Pero si el cubo de la basura o la carretilla se abollan, nadie se compra uno nuevo. Quizá sea porque no usamos el cubo y la carretilla para comunicar nuestro estatus social ni nuestra identidad a los demás. Para Jai y para mí, los coches abollados se convirtieron en una declaración de principios de nuestro matrimonio. No todo necesita arreglarse.

19
Un cuento de Año Nuevo

Por muy mal que vayan las cosas, siempre puedes empeorarlas. De igual modo, suele estar a tu alcance el mejorarlas. Así lo aprendí la Nochevieja de 2001.

Jai estaba embarazada de siete meses de Dylan y nos disponíamos a recibir el año 2002 pasando una tranquila velada en casa viendo un DVD.

La película acababa de empezar cuando Jai me anunció que había roto aguas. Pero no era agua. Era sangre. En cuestión de segundos sangraba tanto que comprendí que no daba tiempo de llamar a la ambulancia. El Hospital de Mujeres Magee de Pittsburgh quedaba a cuarenta minutos de casa si me saltaba los semáforos en rojo, que es lo que hice.

Cuando llegamos a urgencias, aparecieron médicos, enfermeras y demás personal hospitalario con intravenosas, estetoscopios y formularios de la aseguradora. Enseguida se diagnosticó que la placenta se había separado de la pared uterina: lo que se conoce como desprendimiento prematuro de placenta o placenta abrupta. Con la placenta en peligro, el bebé se estaba quedando sin sustento vital. No hizo falta que me explicaran la gravedad de la situación. Las vidas de Jai y de nuestro bebé corrían un gran peligro.

Hacía semanas que el embarazo no acababa de desarrollarse bien. Jai apenas notaba patear al bebé. No ganaba el peso necesario. Yo, consciente de la importancia de saber cuadrarse en lo relativo a cuidados médicos, insistí para que le realizaran otra ecografía, gracias a la cual descubrimos que la placenta de Jai no funcionaba con eficiencia. El bebé no crecía fuerte. Así que los médicos inyectaron esteroides a Jai para estimular el desarrollo pulmonar del bebé.

La situación ya era preocupante. Pero ahora, en la sala de urgencias, había empeorado mucho.

—Su mujer va camino del shock clínico —anunció una enfermera.

Jai se asustó. Se lo vi en la cara. ¿Y yo? Yo también estaba asustado, pero intentaba mantener la calma para poder evaluar la situación.

Miré alrededor. Eran las nueve de la noche de fin de año. Sin duda, los médicos y enfermeras de más experiencia del hospital habrían librado. Debía suponer que nos había tocado el equipo suplente. ¿Estaría a la altura para salvar a mi mujer y a mi hijo?

Sin embargo, esos médicos y enfermeras tardaron muy poco en impresionarme. Tal vez fueran suplentes, pero eran buenísimos. Se pusieron manos a la obra con una mezcla maravillosa de prisa y serenidad. No parecían dominados por el pánico. Se comportaban como si supieran cómo hacer eficientemente lo que había que hacer en cada momento. E incluso dijeron lo que debían.

Mientras se llevaban a Jai para practicarle una cesárea de urgencia, mi mujer le preguntó a la doctora:

—Pinta mal, ¿verdad?

Admiré la respuesta de la médica. Fue la respuesta perfecta para los tiempos en que vivimos:

—Si estuviéramos asustados de verdad, no le habríamos hecho firmar todos esos formularios del seguro, ¿no le parece? No habríamos perdido el tiempo en eso.

No le faltaba razón. Me pregunté con cuánta frecuencia recurriría al «papeleo hospitalario» para tranquilizar a los pacientes.

En cualquier caso, la explicación funcionó. Y luego el anestesista me llevó a un lugar apartado.

«Mire —me dijo—. Esta noche va a tener trabajo y usted es la única persona con capacidad para hacerlo. Su mujer está a medio camino del shock clínico. Si entra en shock, podremos tratarla, pero no será fácil. De modo que tiene que ayudarnos a mantenerla tranquila. Queremos que nos ayude a mantenerla consciente.»

Con frecuencia la gente finge que los maridos ejercen una función real en el nacimiento de sus hijos. «Respira, cariño. Bien. Sigue respirando. Muy bien.» A mi padre esa cultura de la preparación para el parto siempre le hizo mucha gracia porque cuando nació su primer hijo él estaba fuera comiéndose una hamburguesa con queso. El anestesista me habló con claridad y capté la intensidad de su petición: «No sé lo que debe decir ni cómo debe decirlo. Confío en que se le ocurra algo. Pero quiero que la mantenga controlada cada vez que se asuste».

Iniciaron la cesárea y le cogí la mano a Jai con todas mis fuerzas. Yo veía lo que estaban haciendo pero ella no. Decidí que le contaría tranquilamente todo lo que ocurría. Le diría la verdad.

Jai tenía los labios azules. Temblaba. Yo le acariciaba la cabeza y le sostenía la mano entre las mías mientras intentaba describir la operación de un modo directo pero tranquilizador. Por su parte, Jai luchaba desesperadamente por mantener la entereza, por seguir serena y consciente.

—Veo al bebé —le dije—. Ya viene.

Las lágrimas no le permitieron plantear la pregunta más dura. Pero yo tenía la respuesta.

—Se mueve.

Y entonces el bebé, nuestro primer hijo, Dylan, soltó un aullido como jamás se haya oído. Atronador. Las enfermeras sonrieron. Alguien comentó que era estupendo. Los prematuros que nacen cansados suelen dar más problemas. Pero los que llegan airados y gritones son luchadores natos. Son los que prosperan.

Dylan pesó un kilo trescientos gramos. Tenía la cabeza del tamaño de una pelota de béisbol. Pero la buena noticia era que respiraba bien por sus propios medios.

A Jai la invadió una sensación de alivio y emoción. Mientras sonreía, sus labios azules iban recuperando el color. Estaba orgullosísimo de ella. Mi mujer tenía un coraje sorprendente. ¿Había evitado yo el shock clínico? No lo sé. Pero había intentado hacer, decir y sentir todo lo posible para conseguirlo. Había intentado reprimir el pánico. Quizá la hubiese ayudado.

Ingresaron a Dylan en la unidad neonatal de cuidados intensivos. Aprendí que los padres que tienen a sus hijos en intensivos necesitan que médicos y enfermeras los tranquilicen con datos muy específicos. En el Magee se les daba maravillosamente comunicar dos informaciones contradictorias a la vez. Más o menos con estas palabras, les decían a los padres: a) su bebé es especial y comprendemos que requiere cuidados médicos únicos, y 2) no se preocupen, aquí nacen millones de bebés como el suyo.

Dylan nunca necesitó respiración artificial, pero un día tras otro temíamos que pudiera dar un bajón. Simplemente nos parecía demasiado pronto para empezar a celebrar la llegada de un tercero a la familia. Cuando Jai y yo íbamos a diario al hospital, los dos pensábamos lo mismo sin decirlo: «¿Estará vivo mi bebé cuando lleguemos?».

Un día, llegamos al hospital y el moisés de Dylan había desaparecido. Jai casi se desmayó de la impresión. Se me aceleró el corazón. Agarré literalmente de las solapas a la enfermera más cercana y no pude ni siquiera articular una frase completa. Espiraba miedo en *staccato.*

—Bebé. Apellido Pausch. ¿Dónde?

En aquel momento, me sentí exhausto de un modo que no sé explicar. Temí estar a punto de entrar en un lugar oscuro que jamás había visitado antes.

Pero la enfermera sonrió:

—Ah, su bebé está tan bien que lo hemos subido a un moisés abierto de la planta alta.

Dylan hasta entonces había estado en un «moisés cerrado», que es una expresión más benévola para describir una incubadora.

Aliviado, subí corriendo las escaleras hasta la otra sala y allí encontré a Dylan, abriéndose camino a gritos hasta la infancia.

El nacimiento de Dylan me recordó el papel que cada uno de nosotros desempeña en su destino. Jai y yo podríamos haberlo empeorado todo de habernos venido abajo. Ella podría haberse puesto tan histérica que habría entrado en shock. Yo podría haberme visto tan afectado que no habría sido de ninguna ayuda en el quirófano.

Creo que en ningún momento de aquella experiencia terrible nos dijimos: «No es justo». Seguimos adelante. Nos dimos cuenta de que podíamos hacer ciertas cosas para ayudar a que todo acabara bien... y las hicimos. Sin necesidad de expresarla en palabras, nuestra actitud fue la de tomar las riendas de la situación y pelear.

20

«En cincuenta años, nunca surgió»

Cuando mi padre murió, en 2006, revisamos sus cosas. Él siempre había sido un hombre lleno de vida y sus pertenencias hablaban de sus aventuras. Encontré fotografías de mi padre tocando el acordeón de joven, vestido de Santa Claus (le encantaba disfrazarse de Papá Noel) ya en la mediana edad y luego, anciano, abrazado a un oso de peluche más grande que él. En otra fotografía, tomada el día que cumplió ochenta años, lucía una gran sonrisa.

Entre las cosas de mi padre me topé con varios misterios que me arrancaron una sonrisa. Mi padre guardaba una foto de sí mismo —diría que de principios de la década de los sesenta— con americana y corbata en una tienda de ultramarinos. En una mano sostenía una bolsa de papel marrón. Nunca sabré lo que contenía la bolsa, pero conociendo a mi padre, seguro que molaba.

Después del trabajo a veces traía a casa algún juguetito o dulce que nos ofrecía con grandes florituras, poniéndole un poco de teatro. La entrega siempre era más divertida que el regalo en sí. Y eso es lo que me recordó la fotografía de la bolsa.

Mi padre también había conservado una montaña de papeles. Cartas relativas a sus negocios en los seguros y documentos sobre sus proyectos de beneficencia. Pues, enterrada en ese montón, encontramos una mención fechada en 1945, cuando mi padre estaba en el ejército. La distinción en reconocimiento a su «heroísmo» provenía del general al mando de la 75.ª División de Infantería.

Mi padre, de uniforme.

El 11 de abril de 1945, la compañía de infantería de mi padre fue atacada por las fuerzas alemanas y, en los primeros combates de la batalla, el denso fuego de artillería ocasionó ocho bajas. Según la mención: «Sin atención a su propia seguridad, el soldado Pausch abandonó una posición cubierta y se aprestó a atender a los heridos mientras seguían cayendo proyectiles a su alrededor. Tanto éxito tuvo el soldado en sus atenciones médicas que todos los heridos fueron evacuados satisfactoriamente».

En reconocimiento de ello se le concedió a mi padre, que por entonces tenía veintidós años, la Estrella de Bronce al valor.

En los cincuenta años que mis padres estuvieron casados, en las miles de conversaciones que mi padre mantuvo conmigo, nunca surgió el tema. Y así fue como, a escasas semanas de su muerte, estaba dándome otra lección acerca del significado del sacrificio... y el poder de la humildad.

21

Jai

Le he preguntado a Jai qué ha aprendido desde que me diagnosticaron el cáncer. Resulta que podría escribir un libro titulado *Olvidaos de la última lección. Esta es la verdadera historia.*

Mi esposa es una mujer fuerte. Admiro su franqueza, sinceridad, su predisposición a no andarse por las ramas. Incluso ahora, cuando solo nos quedan unos meses, intentamos actuar el uno con el otro como si todo fuera normal y a nuestro matrimonio le quedaran varias décadas por delante. Discutimos, nos frustramos, perdemos los nervios, nos reconciliamos.

Jai dice que todavía está intentando averiguar cómo lidiar conmigo, pero que va progresando.

Me dice: «Tú siempre eres el científico, Randy. ¿Quieres ciencia? Pues te daré ciencia».

Antes acostumbraba a hablarme de sus «intuiciones». Ahora en cambio, aporta datos.

Por ejemplo, la Navidad pasada íbamos a ir a visitar a mi familia, pero todos tenían la gripe. Jai no quería exponernos a los niños y a mí a una posible infección. Yo creía que debíamos seguir adelante con el viaje. Al fin y al cabo, no me quedarán muchas ocasiones de ver a la familia.

Le aseguré que mantendríamos ciertas distancias. Que no nos pasaría nada.

Jai sabía que necesitaría datos concretos. Telefoneó a una amiga enfermera. Llamó a dos médicos que vivían en nuestra calle. Les pidió su opinión profesional. Todos coincidieron en que no sería muy inteligente llevar a los niños. «Tengo opiniones de terceros autorizadas y objetivas, Randy —me dijo Jai—. Esto es lo que dicen.» Frente a los datos, hube de transigir. Realicé una visita rápida a mi familia y Jai se quedó en casa con los niños. (No cogí la gripe.)

Sé lo que estáis pensando. No siempre es fácil convivir con científicos como yo.

Jai me soporta tratándome con franqueza. Cuando me paso de la raya, me lo dice. O me advierte: «Algo me está fastidiando. No sé lo que es. Cuando lo descubra, te lo diré».

Al mismo tiempo, dado mi pronóstico, Jai dice que está aprendiendo a dejarme pasar algunas tonterías. Ha sido a instancias de nuestra consejera. La doctora Reiss posee la virtud de ayudar a la gente a reequilibrar la vida familiar cuando uno de los cónyuges padece una enfermedad terminal. Los matrimonios como el nuestro tienen que encontrar el camino hacia una «nueva normalidad».

Soy un esparcidor. Mi ropa, limpia y sucia, está esparcida por todo el dormitorio y tengo el lavabo de mi cuarto de baño atascado. A Jai la pone de los nervios. Antes de que enfermara, hubiese puesto el grito en el cielo. Pero la doctora Reiss le ha aconsejado que no permita que las pequeñeces nos hagan perder los nervios.

Desde luego, yo debería ser más limpio. Le debo disculpas a Jai. Pero mi mujer ha dejado de recordarme las minucias que le molestan. ¿De verdad queremos pasarnos los últimos meses juntos discutiendo porque no he colgado los pantalones? No. De modo que ahora Jai manda mi ropa a un rincón de una patada y sigue a lo suyo.

Un amigo nuestro le aconsejó que escribiera un diario y Jai asegura que le ayuda. En él anota las cosas de mí que la desquician. Una noche apuntó: «Esta noche Randy no ha metido su plato en el lavavajillas. Lo ha dejado encima de la mesa y se ha ido al ordenador». Jai sabía que estaba preocupado, que iba al ordenador a buscar posibles tratamientos médicos. Con todo, el plato en la mesa la molestó. No la culpo. Así que lo escribió, se sintió algo mejor y una vez más nos ahorramos una discusión.

Mi mujer intenta concentrarse en el presente en lugar de en las cosas negativas que están por llegar. Según Jai: «No sirve de nada pasarse los días temiendo el mañana».

Aunque esta Nochevieja en nuestra casa estuvo cargada de emociones agridulces. Dylan cumplía seis años y, por tanto, lo celebramos. También nos sentíamos afortunados porque yo había sobrevivido hasta el nuevo año. Pero no dejábamos de dar la espalda a la preocupación más evidente: la siguiente Nochevieja sería sin mí.

Ese día llevé a Dylan a ver una película sobre un fabricante de juguetes: *Mr. Magorium y su tienda mágica.* Había leído una reseña en internet, pero no comentaba que Míster Magorium había decidido que había llegado su hora y debía legar la tienda a una aprendiza. De modo que me encontré en el cine con Dylan en el regazo, llorando porque Míster Magorium se estaba muriendo. (Dylan no conoce mi pronóstico.) Si mi vida hubiera sido una película, los críticos hubieran machacado la escena con Dylan por ser demasiado evidente. No obstante, una frase del diálogo me recordó a mí. La aprendiza (Natalie Portman) le dice al juguetero (Dustin Hoffman) que no puede morir, que tiene que vivir. A lo que él responde: «Eso ya lo he hecho».

Esa misma noche un poco más tarde, a medida que se aproximaba el nuevo año, Jai se dio cuenta de que estaba deprimido. Para animarme, repasó el año que acababa y destacó todas las cosas maravillosas que habían pasado. Habíamos hecho unas vacaciones románticas los dos solos que no nos habríamos tomado si el cáncer no nos hubiera recordado lo precioso que es el tiempo. Habíamos contemplado crecer a nuestros hijos; la casa estaba llena de un montón de amor y energía positiva.

Jai me prometió que seguiría al pie del cañón por mí y por los niños. «Tengo cuatro razones buenísimas para aguantar y seguir adelante. Y lo haré», prometió.

También me contó que una de las mejores partes del día es verme con los niños. Dice que se me ilumina la cara cada vez que Chloe habla. (Chloe tiene dieciocho meses y ya construye frases de cuatro palabras.)

En Navidad, había convertido en una aventura iluminar el árbol. En lugar de enseñarles a Dylan y Logan la manera correcta de hacerlo —cuidadosa y meticulosamente—, les había dejado poner las luces al azar. Me pareció bien cualquier modo de colgar las luces en el árbol. Tenemos un vídeo de esa escena tan caótica en el que Jai asegura que fue «un momento mágico» que se convertirá en uno de sus recuerdos favoritos de la familia al completo.

Jai ha consultado páginas web para pacientes de cáncer y sus familias. En ellas encuentra informaciones útiles pero no puede mirarlas mucho rato. «Hay tantas entradas que empiezan con frases del tipo "Bob ha perdido la batalla", "Jim ha perdido la batalla", que no creo que ayude demasiado seguir leyéndolas.»

Con todo, encontró una entrada que la animó a actuar. Estaba escrita por una mujer cuyo marido sufría cáncer de páncreas. El hombre murió antes de que pudieran volver a planificar sus vidas. «Haced esos viajes con los que siempre habéis soñado —aconsejaba la mujer a los demás cuidadores—. Vivid el momento.» Jai se promete a sí misma seguir sus consejos.

Mi mujer ha conocido a otras personas de la zona que cuidan de parejas con enfermedades terminales y hablar con ellas le ayuda. En esas conversaciones ha encontrado una vía de escape cuando necesita quejarse de mí o desahogarse de la presión a la que está sometida.

Al mismo tiempo intenta centrarse en nuestras épocas de felicidad. De novios, le mandaba un ramo de flores semanal. Colgaba peluches en su despacho. Me pasaba un poco y —cuando no la asustaba— ¡le encantaba! Dice que últimamente ha estado rememorando a Randy el Romántico y que eso la hace sonreír y la ayuda a superar los momentos difíciles.

A propósito, Jai ha hecho realidad un buen número de sus sueños de infancia. Quería tener un caballo. (Nunca lo ha tenido, pero ha montado muchísimo.) Quería ir a Francia. (Fue; pasó todo un verano en Francia mientras estudiaba en la universidad.) Y sobre todo, de niña soñaba con tener hijos.

Ojalá dispusiese de más tiempo para ayudarla a alcanzar otros sueños. Pero los niños son un sueño cumplido espectacular, y eso nos consuela mucho a los dos.

Cuando Jai y yo hablamos de las lecciones que le ha enseñado nuestro viaje, comenta que el apoyarnos mutuamente, hombro con hombro, nos ha dado fuerzas. Dice que se siente agradecida porque podemos hablar con el corazón en la mano. Y luego me habla de que dejo la ropa por toda la habitación y que la saca de sus casillas, pero que, visto lo visto, me lo perdona. Lo sé: tengo que recoger antes de que se ponga a garabatear en su diario, se lo debo. Me esforzaré más. Es uno de mis propósitos de Año Nuevo.

22

La verdad os hará libres

Hace poco me pararon por exceso de velocidad no muy lejos de mi nueva casa, en Virginia. Iba sin prestar atención y había sobrepasado el límite de velocidad en varios kilómetros por hora.

—¿Me enseña el permiso de conducir y la documentación? —me pidió el agente de policía. Le mostré ambas cosas y vio que mi carnet expedido en Pensilvania llevaba dirección de Pittsburgh—. ¿Qué está haciendo aquí? ¿Pertenece al ejército?

—No. —Le expliqué que acababa de trasladarme a Virginia y que todavía no había tenido tiempo de cambiar la dirección.

—¿Y qué le trae por aquí?

Me había hecho una pregunta directa. Sin pensarlo mucho, le di una respuesta directa.

—Verá, agente, ya que me lo pregunta, tengo cáncer terminal. Me quedan solo unos meses de vida. Nos hemos venido aquí para estar más cerca de la familia de mi mujer.

El policía ladeó la cabeza y me miró con los ojos entrecerrados.

—Así que tiene cáncer —dijo en tono seco. Intentaba calarme. ¿De verdad me estaba muriendo? ¿Le mentía? Me miró un rato largo—. Pues para alguien a quien le quedan solo unos meses, tiene bastante buen aspecto.

Obviamente pensaba: «Este tío o me está tomando el pelo o dice la verdad. Y no tengo manera de saberlo». No estaba siendo un encuentro fácil para él porque se empeñaba en hacer algo casi imposible. Intentaba cuestionar mi integridad sin llamarme mentiroso. Y por tanto me había obligado a demostrarle que era sincero. ¿Cómo podía hacerlo?

—Mire, agente, sé que tengo aspecto de estar sano. Es toda una ironía. Por fuera estoy estupendamente, pero dentro tengo varios tumores. —Y entonces, no sé qué se apoderó de mí, pero lo hice. Me subí la camisa y le mostré las cicatrices de la cirugía.

El poli miró las cicatrices. Me miró a los ojos. Lo vi en su cara: ahora sabía que estaba hablando con un moribundo. Y si por casualidad yo resultaba ser el timador más descarado que jamás hubiera mandado parar, bueno, no pensaba llevar la situación más allá. Me devolvió el carnet.

—Hágame un favor —me dijo—. Conduzca más despacio.

La horrible verdad me había liberado. Mientras el policía regresaba al coche patrulla, lo comprendí. Yo nunca había sido una de esas rubias despampanantes que se libran de las multas a golpe de caídas de ojos. Conduje a casa respetando el límite de velocidad y sonriendo como una reina de la belleza.

IV

POSIBILITAR LOS SUEÑOS DE LOS OTROS

23
Estoy de luna de miel, pero si me necesitas...

El otro día Jai me mandó a hacer la compra. Una vez que encontré todos los productos de la lista, supuse que saldría antes de la tienda si utilizaba el pasillo de autopago. Pasé la tarjeta de crédito por la máquina, seguí las instrucciones y escaneé la compra yo solo. La máquina gorjeó, pitó y calculó que le debía dieciséis dólares con cincuenta y cinco centavos, pero no emitió la cuenta. De modo que metí otra vez la tarjeta y empecé de nuevo.

Enseguida salieron dos cuentas. La máquina me había cobrado dos veces.

Tenía que tomar una decisión. Podría haber ido en busca del encargado, que habría escuchado mi historia, rellenado un formulario y restado de mi tarjeta un cargo de 16,55 dólares desde su caja registradora. Esa tediosa molestia se habría alargado diez o quince minutos. Y no me habría divertido ni un solo segundo.

Dado el poco tiempo que me quedaba, ¿quería desperdiciar aquellos preciosos minutos en que me devolvieran el dinero? No. ¿Podía permitirme pagar 16,55 dólares más? Sí. De modo que salí de la tienda más contento de tener quince minutos que dieciséis dólares.

Toda la vida he tenido muy presente que el tiempo es finito. Admito que soy demasiado lógico acerca de muchas cosas, pero creo firmemente que una de mis fijaciones más pertinentes ha sido la de administrar bien el tiempo. He dado conferencias al respecto. Y como he conseguido que se me dé tan bien, sinceramente opino que he sabido comprimir mucha vida en el reducido tiempo que me ha tocado.

Algunas de las cosas que sé:

Hay que gestionar el tiempo de forma explícita, como el dinero. A veces mis alumnos ponían los ojos en blanco al escuchar lo que ellos llamaban «pauschismos», pero yo me guío por ellos. Conminaba a los alumnos a que no perdieran el tiempo en detalles irrelevantes, les decía: «Da igual el brillo que le saques al dorso del pasamanos».

Siempre se puede cambiar de plan, pero solo si tienes alguno. Creo firmemente en las listas de propósitos. Nos ayudan a dividir la vida en pequeños pasos. Una vez incluí en mi lista «conseguir una plaza fija». Muy inocente por mi parte. Las listas más útiles son las que descomponen las tareas en pasos. Como cuando animo a Logan a que ordene el cuarto recogiendo una cosa cada vez.

Preguntaos si estáis invirtiendo el tiempo en las cosas adecuadas. Tendréis vuestros intereses, proyectos y metas. ¿Merecen la pena? Hace mucho que conservo un recorte de un diario de Roanoke, Virginia. En él aparece la foto de una embarazada manifestándose en contra de unas obras de la zona. Le preocupaba que el ruido de los martillos neumáticos perjudicara al feto. Pero no os lo perdáis: en la foto aparece con un cigarrillo en la mano. Si tanto le preocupaba su hijo nonato, debería haber invertido el tiempo que dedicaba a protestar contra las obras en apagar el cigarrillo.

Cread un buen sistema de archivo. Cuando le dije a Jai que quería tener un sitio en casa para archivarlo todo alfabéticamente, le parecí demasiado compulsivo para su gusto. Le contesté: «Archivar por orden alfabético es mejor que ir de un lado para otro diciendo: "Sé que era azul y que estaba comiendo cuando lo tenía conmigo"».

Repensad el teléfono. Vivo en una cultura en la que paso mucho tiempo a la espera escuchando «Su llamada es muy importante para nosotros». Sí, seguro. Igual que un tío que abofetea a su novia en la primera cita y le dice que la quiere. Y sin embargo, así funcionan los modernos servicios de atención al cliente. Yo me niego a aceptarlo. Me cuido mucho de estar esperando con el teléfono pegado a la oreja. Siempre empleo el manos libres para poder hacer otras cosas.

También he recopilado técnicas para abreviar las llamadas innecesarias. Si estoy sentado mientras hablo por teléfono, jamás levanto los pies del suelo. De hecho, siempre es mejor atender el teléfono de pie. Tiendes a acabar antes. También me gusta dejar a la vista algo que quiera hacer, para sentir prisa por zanjar la conversación.

A lo largo de los años he ido aprendiendo otros trucos telefónicos. ¿Queréis deshaceros rápidamente de los vendedores? Colgad mientras estáis hablando vosotros y ellos os escuchan. Supondrán que ha fallado la conexión y pasarán a la siguiente llamada. ¿Queréis que la conversación con alguien no se alargue? Telefonead justo antes de la hora de comer. Se darán prisa. Tal vez os consideréis interesantes, pero no lo sois más que la comida.

Delegad. Como profesor, enseguida aprendí que podía confiar las llaves de mi reino a brillantes estudiantes de diecinueve años y la mayoría de las veces actuarían de forma responsable y admirable. Nunca es pronto para delegar. Mi hija Chloe solo tiene dieciocho meses, pero dos de mis fotografías favoritas son imágenes en las que aparezco con ella en brazos. En la primera, le doy el biberón. En la segunda, le he delegado esa tarea. Se la ve satisfecha. Y a mí también.

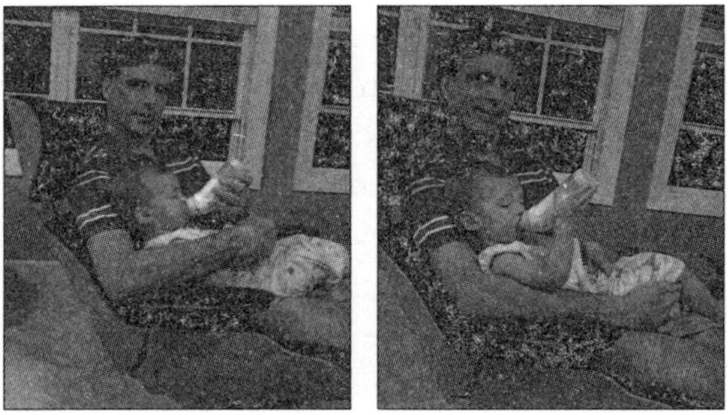

Tomaos un descanso. Si consultáis el correo electrónico y los mensajes del contestador en realidad no son vacaciones. Cuando Jai y yo nos fuimos de luna de miel queríamos que nos dejaran en paz. Sin embargo, mi jefe opinaba que debía facilitar a la gente un modo de ponerse en contacto conmigo. Se me ocurrió el mensaje telefónico perfecto: «Hola, soy Randy. He esperado a cumplir los treinta y nueve para casarme, de modo que me marcho un mes con mi mujer. Confío en que te parezca bien, porque a mi jefe le resulta problemático. Por lo visto tengo que estar localizable». A continuación, dejaba el nombre de los padres de Jai y la ciudad donde vivían. «En el número de información telefónica te darán su teléfono. Luego, si logras convencer a mis recién estrenados suegros de que tu emergencia merece interrumpir la luna de miel de su única hija, ellos te darán el nuestro.»

No llamó nadie.

Algunos de mis trucos para gestionar el tiempo son absolutamente serios y otros poco más que una broma. Pero creo que todos son dignos de tener en cuenta.

El tiempo es lo único que tenéis. Y tal vez un día descubráis que os queda menos del que pensabais.

24
Un imbécil en recuperación

En el mundo docente existe el cliché comúnmente aceptado de que el principal objetivo de los profesores debería ser ayudar a los alumnos a aprender a estudiar.

Siempre me pareció un enfoque loable, claro. Pero en mi opinión existía una meta más importante: yo quería ayudar a los alumnos a aprender a juzgarse a ellos mismos.

¿Reconocían sus verdaderas habilidades? ¿Eran conscientes de sus defectos? ¿Tenían una idea realista acerca de la imagen que proyectaban a los demás?

Al final, el mayor servicio que los educadores pueden prestar a los estudiantes es ayudarles a ser más autoconscientes. La única manera de mejorar —tal y como me enseñó el entrenador Graham— es desarrollando la capacidad de evaluarnos a nosotros mismos. Si no somos capaces de hacerlo, ¿cómo vamos a discernir si empeoramos o mejoramos?

Algunos representantes de la vieja escuela se quejan de que en la actualidad la educación superior a menudo parece un mero servicio de atención al cliente. Alumnos y padres consideran que pagan un producto muy caro y por tanto quieren que tenga un valor mesurable. Es como si entraran en un centro comercial y en lugar de comprar cinco pares de vaqueros de diseño, compraran un curso compuesto de cinco asignaturas.

No estoy en total desacuerdo con el modelo de servicio de atención al cliente, pero creo importante emplear la metáfora industrial correcta. No se trata de venta al detalle. Yo compararía las clases universitarias con contratar un entrenador personal en un club deportivo. Los profesores desempeñamos la función de los entrenadores, facilitamos el acceso de la gente a los equipamientos (libros, laboratorios, nuestros conocimientos) y, después, nuestra labor consiste en ser exigentes. Tenemos que asegurarnos de que los estudiantes se parten los cuernos. Tenemos que felicitarlos cuando lo merecen y, llegado el caso, recordarles con total sinceridad que pueden trabajar más.

Y, lo más importante, tenemos que enseñarles cómo juzgar su actitud por ellos mismos. Lo estupendo de trabajar en el gimnasio es que, si te esfuerzas, los resultados son muy evidentes. Lo mismo debería poder decirse de la universidad. La labor del profesor es enseñar a los alumnos a ver cómo se desarrollan sus mentes igual que ven crecer la musculatura cuando se miran al espejo.

Para ello me he esforzado en encontrar mecanismos para que la gente atienda a las reacciones que provoca. No paraba de ayudar a mis alumnos para que desarrollaran sus propios bucles de retroalimentación. Conseguir que aceptaran de buena gana juicios ajenos ha sido la tarea más ardua a la que me he enfrentado como educador. (Y tampoco ha sido fácil en mi vida privada.) Me entristece que muchos padres y docentes hayan renunciado a conseguirlo. Cuando hablan de fortalecer la autoestima, a menudo recurren a adulaciones vacías en lugar de a esa sinceridad capaz de formar el carácter. He oído a muchísima gente quejarse del declive de nuestro sistema educativo y creo que un factor clave de dicho declive es el exceso de alabanzas y la falta de valoraciones sinceras.

Cuando di el curso «Construir mundos virtuales» en Carnegie Mellon, cada quince días evaluábamos a los compañeros. Se trataba de una clase basada en la colaboración, en la que los estudiantes trabajaban en grupos de cuatro en proyectos de realidad virtual por ordenador. Dependían unos de otros, tal como reflejaban sus notas.

Recogíamos las opiniones de los compañeros y las recogíamos en una hoja de cálculo. Al final del semestre cada alumno había trabajado en cinco proyectos con tres compañeros de grupo distintos en cada uno de ellos, por lo que todo el mundo tenía quince puntuaciones. Así disponían de un modo práctico y estadísticamente válido de analizarse.

Creaba entonces gráficos de barras multicolores donde un alumno podía consultar una clasificación de medidas sencillas tales como:

1) ¿Sus compañeros opinaban que trabajaba duro? ¿Cuántas horas creían que había dedicado al proyecto?
2) ¿En qué medida había sido creativa su aportación?
3) ¿A sus compañeros les resultaba fácil o difícil trabajar con él? ¿Trabajaba para el equipo?

Como siempre señalaba, en particular en relación a la tercera pregunta, la opinión de los compañeros es, por definición, una valoración precisa de lo fácil que resulta trabajar con alguien.

Los gráficos de barras eran muy específicos. Todos los alumnos sabían en qué situación se encontraban en comparación con los cuarenta y nueve compañeros restantes.

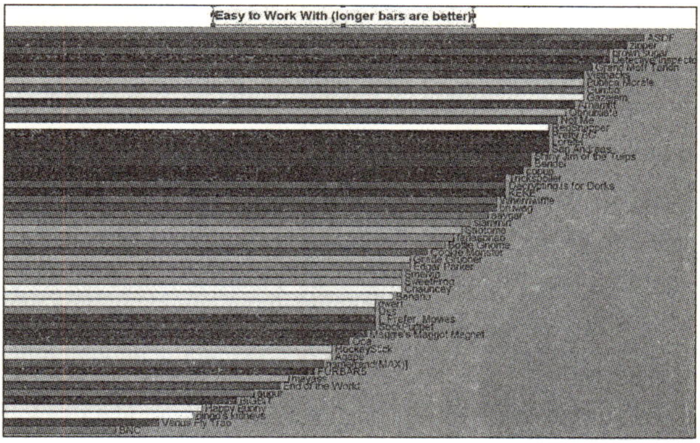

Los gráficos se complementaban con otras opiniones de los compañeros menos formalizadas, sobre todo propuestas concretas para mejorar, como por ejemplo: «Permite a los demás acabar las frases cuando hablan».

Tenía la esperanza de que más de un alumno, al ver toda esa información, se dijera: «Uy, tengo que subir un corte más». Costaba pasar por alto los datos, pero aun así, algunos lo lograban.

Para uno de los cursos que impartí hice que los estudiantes se evaluaran entre ellos de este modo, pero solo les comuniqué en qué cuartil estaban clasificados. Recuerdo una conversación que mantuve con un alumno que los demás estudiantes consideraban particularmente repelente. Era listo, pero su sana autoestima le impedía saber la imagen que proyectaba. Al ver los datos que le situaban en el cuartil inferior de la clasificación no se inmutó.

Supuso que si estaba clasificado en el 25 por ciento inferior, debía encontrarse en el nivel 24 o 25 por ciento (en lugar de, pongamos, el 5 por ciento). Por tanto, de ahí deducía que rozaba el siguiente cuartil por arriba. De modo que se veía «no muy lejos del cincuenta por ciento», lo cual significaba que sus compañeros tenían una buena opinión de él.

«Me alegro de tener la ocasión de charlar contigo —le dije—, porque creo que es importante que te dé una información más específica. No solo estás en el 25 por ciento inferior. De los cincuenta alumnos de la clase, tus compañeros te han puntuado el peor. Ocupas el puesto cincuenta. Tienes un problema grave. Opinan que no escuchas. Que cuesta llevarse bien contigo. La cosa no marcha.»

Se quedó estupefacto. (Siempre les pasa.) Había racionalizado toda la situación y ahora iba yo y le lanzaba datos puros y duros.

Y luego le confesé la verdad sobre mí.

«Yo era igual que tú —le dije—. Negaba la realidad. Pero tuve un profesor que me demostró que se preocupaba por mí dándome con la verdad en las narices. Y soy especial por una cosa: porque le escuché.»

Abrió los ojos como platos.

«Lo admito —continué—. Soy un imbécil en fase de recuperación. Lo cual me otorga la autoridad moral para decirte que tú también puedes convertirte en un imbécil en recuperación.»

Durante el resto del semestre, se mantuvo al loro. Mejoró. Yo le había hecho un favor, igual que Andy van Dam me lo hizo a mí muchos años antes.

25

Adiestrar a un jedi

Es una gozada alcanzar los sueños de infancia, pero con los años a veces descubres que hacer posibles los sueños de otros es todavía más divertido.

Cuando daba clases en la Universidad de Virginia, en 1993, un artista de veintidós años convertido en un hacha de los gráficos por ordenador llamado Tommy Burnett solicitó plaza en mi equipo de investigación. Después de charlar sobre su vida y sus metas, de pronto me dijo:

—Ah, y desde niño he soñado siempre con lo mismo.

Cualquiera que combine en la misma frase los conceptos de sueño e infancia acostumbra a merecer mi atención.

—¿Y cuál es ese sueño, Tommy? —le pregunté.

—Quiero trabajar en la próxima película de *La guerra de las galaxias.*

Recuerdo que estábamos en 1993. La última película de *La guerra de las galaxias* se había estrenado en 1983 y no existían planes concretos de rodar ninguna más. Se lo expliqué a Tommy.

—Debe de ser duro soñar con algo así, porque no será fácil

que tu sueño se haga realidad. Tengo entendido que la saga está acabada.

—No, harán más películas y, cuando las hagan, trabajaré en ellas. Es mi plan.

Tommy tenía seis años cuando, en 1977, se estrenó la primera película de *La guerra de las galaxias.*

—Otros niños querían ser Hans Solo —me contó—. Yo no. Yo quería ser el tío que había hecho los efectos especiales: las naves espaciales, los planetas y los robots.

Me contó que de niño leía los artículos más técnicos sobre *La guerra de las galaxias* que podía encontrar. Tenía todos los libros que explicaban cómo se construían las maquetas y se elaboraban los efectos especiales.

Mientras Tommy hablaba volvió a mi memoria aquella visita de infancia a Disneylandia y la urgencia visceral que me había entrado por crecer y crear atracciones como las que estaba viendo. Supuse que el gran sueño de Tommy nunca se haría realidad pero que de algún modo le vendría bien. Y a mí me vendría bien un soñador. Sabía por mis sueños de entrar en la liga nacional que, aunque no alcanzara el suyo, tenerlo le sería muy útil, de modo que le pedí que se uniera a nuestro equipo de investigación.

Tommy os dirá que fui un jefe bastante duro. Tal y como él lo recuerda, le exigía mucho y esperaba mucho de él, pero Tommy sabía que lo hacía por su bien. Me compara con un entrenador de fútbol exigente. (Supongo que me limitaba a aplicar las enseñanzas del entrenador Graham.) Tommy también afirma que de mí no solo aprendió a programar realidad virtual, sino que aprendió que los colegas del trabajo necesitan formar una especie de familia. Me recuerda diciéndole: «Sé que eres listo.

Pero aquí todos lo son. No basta con ser listo. La gente que quiero en mi equipo es la que colabora para que los demás sean felices en el grupo».

Resultó que Tommy era justo esa clase de jugador de equipo. Cuando conseguí la titularidad en la universidad, llevé a Tommy y otros compañeros del grupo de investigación a Disneylandia para darles las gracias.

Y cuando me trasladé a Carnegie Mellon me acompañaron todos los miembros del equipo de la Universidad de Virginia; todos, menos Tommy. No pudo. ¿Por qué? Porque le había contratado Industrial Light & Magic, la empresa del productor y director George Lucas. Aunque no le contrataron porque fuera su sueño, le contrataron por sus habilidades. Durante el tiempo que había pasado en nuestro equipo de investigación, Tommy se había convertido en un programador destacado en Python, lenguaje que, por suerte, era el que utilizaba la empresa. La suerte es lo que ocurre cuando coinciden la preparación y la oportunidad.

No cuesta mucho adivinar hacia dónde se encamina esta historia. Se rodarían tres nuevas películas de *La guerra de las galaxias* en 1999, 2002 y 2005, y Tommy acabaría trabajando en las tres.

En *La guerra de las galaxias. Episodio II: El ataque de los clones*, Tommy trabajó de director técnico. La película incluye una espectacular batalla de quince minutos en un planeta rocoso de color rojo en la que se enfrentan clones contra droides y que fue planeada por Tommy. Él y su equipo utilizaron fotografías del desierto de Utah para crear el paisaje virtual de la batalla. Para que luego hablen de trabajos interesantes: Tommy tenía uno que le permitía pasar todos los días en otro planeta.

Al cabo de unos años, Tommy tuvo la gentileza de invitarnos a mí y mis estudiantes a visitar Industrial Light & Magic. Mi colega Don Marinelli había inaugurado la fantástica tradición de llevar a los estudiantes de viaje al este una vez al año para que conocieran las empresas dedicadas al entretenimiento y la alta tecnología, que tal vez les dieran una primera oportunidad en el mundo del diseño por ordenador. Para entonces, un tío como Tommy era un dios para aquellos chavales. Vivía los sueños de todos.

Tommy se sentó a una mesa con otros tres ex alumnos míos para responder a las preguntas de mis estudiantes. Aquel grupo en concreto todavía no sabía muy bien qué pensar de mí. Yo me había comportado como de costumbre —como un hueso de profesor con grandes expectativas y algo estrafalario— y todavía no habían llegado a apreciarlo. Lleva cierto tiempo acostumbrarse a mí y, tras solo un semestre de clase, algunos seguían mostrándose claramente recelosos conmigo.

La conversación derivó hacia lo mucho que costaba entrar en el negocio del cine y algunos se interesaron por el papel que desempeñaba la suerte para conseguirlo. Tommy se aprestó a contestar: «Hace falta mucha suerte. Pero todos vosotros sois afortunados. Conseguir trabajar con Randy y aprender de él ya es toda una suerte. Yo no estaría aquí de no ser por Randy».

Soy un tipo que ha flotado en gravedad cero. Pero ese día floté más alto aún. Me sentí extraordinariamente agradecido de que Tommy creyera que le había ayudado a alcanzar su sueño. Pero lo que lo hizo especial fue que me devolviera el favor haciendo posibles los sueños de mis estudiantes (y de paso ayudándome también a mí). Aquel momento se convirtió en un instante crucial para la relación con mi clase. Gracias al pase de Tommy.

26
Para flipar

La gente que me conoce opina que soy un loco por la eficiencia. Me tienen calado, claro. Siempre preferiría estar haciendo dos cosas útiles a la vez o, mejor aún, tres. Por eso, a medida que mi carrera docente progresaba, empecé a plantearme la siguiente cuestión:

Si podía ayudar a los estudiantes uno a uno en su empeño por alcanzar los sueños de infancia, ¿habría un modo de hacer lo mismo a mayor escala?

Descubrí esa mayor escala después de llegar a Carnegie Mellon, en 1997, para trabajar de profesor adjunto de ciencias informáticas. Mi especialidad era «la interacción entre humano y ordenador» y creé un curso llamado «La construcción de mundos virtuales», CMV para abreviar.

La premisa inicial no distaba mucho del típico musical de Mickey Rooney y Judy Garland, pero adaptada a la era del diseño por ordenador, la animación en 3-D y la construcción de lo que nosotros llamamos «mundos de realidad virtual interactiva por inmersión (con casco)».

Abrí el curso a cincuenta estudiantes de licenciatura de todos los departamentos de la universidad. Acudieron actores, filólogos y escultores que se mezclaron con matemáticos y fanáticos de la informática. Es decir, estudiantes cuyos caminos no tenían razón para cruzarse dada la autonomía de las diversas disciplinas que se impartían en Carnegie Mellon. Pero convertimos a aquellos chavales en aliados entre ellos, obligándoles a hacer juntos lo que no podrían hacer solos.

Montamos grupos de cuatro estudiantes elegidos al azar que trabajaban juntos en proyectos de dos semanas. Yo solo les dije: «Construid un mundo virtual». De ese modo programaban algo, soñaban algo, lo mostraban a todos los demás y luego se reorganizaban los grupos, les tocaban tres compañeros nuevos y volvíamos a empezar.

Solo impuse dos normas para los mundos virtuales: nada de armas de fuego ni pornografía. Decreté esa regla sobre todo porque son dos cosas que se han hecho millones de veces en los juegos de ordenador y me interesaba que fueran originales.

Os sorprendería la cantidad de chavales de diecinueve años que se quedan sin ideas en cuanto excluyes el sexo y la violencia. Y no obstante, cuando les pedí que no cayeran en obviedades, la mayoría estuvo a la altura de la propuesta. De hecho, el primer año que impartí el curso, cuando los estudiantes me presentaron los proyectos iniciales, flipé. En especial me impresionaron porque trabajaban en unos ordenadores muy deficientes comparados con los que se utilizan para la realidad virtual en Hollywood y, no obstante, me presentaron verdaderas joyas.

Para entonces llevaba una década de profesor y cuando puse en marcha la CMV no sabía qué esperarme. Les pedí un primer trabajo de dos semanas y los resultados me sobrecogieron. No sabía qué plantearles después. Me encontraba tan perdido que telefoneé a mi mentor, Andy van Dam.

—Andy, les he propuesto un trabajo de dos semanas a mis alumnos y me han entregado unos proyectos que, de haberles dejado el semestre entero para completarlos, todos habrían sacado sobresaliente. ¿Qué hago?

Andy lo meditó un minuto antes de contestar:

—De acuerdo. Ya sé lo que puedes hacer. Mañana cuando entres en clase, les miras a los ojos y les dices: «Chicos, no ha estado mal, pero sé que podéis hacerlo mejor».

Su respuesta me dejó estupefacto. Pero seguí su consejo y se demostró acertado. Van Dam me estaba diciendo que obviamente yo no sabía a qué altura debía colocar el listón y no les haría ningún favor si lo decidía al azar. Muchos proyectos eran sencillamente brillantes, abarcaban desde aventuras de rafting hasta románticos viajes en góndola por Venecia o ninjas patinadores. Algunos estudiantes crearon mundos totalmente improbables poblados por encantadoras criaturas tridimensionales que habían soñado de niños.

Los días de presentación de proyectos, entraba en clase y me encontraba el aula llena con mis cincuenta alumnos y otra cincuentena de personas que no conocía: compañeros de habitación, amigos y padres. ¡Nunca antes había tenido padres en clase! Y la bola fue haciéndose cada vez mayor. Acabamos congregando tal multitud los días de presentación que tuvimos que trasladarnos a un auditorio. Cuatrocientas personas de pie llenaban la sala vitoreando sus propuestas de realidad virtual favoritas. El rector de Carnegie Mellon, Jared Cohon, me dijo un día que aquello parecía la típica fiesta de los Ohio State antes de un partido solo que en versión académica.

Los días de presentaciones siempre adivinaba cuáles serían los mejores proyectos. Lo deducía de la expresión corporal de los chicos. Si los alumnos de un grupo en particular se colocaban muy juntos, sabía que habían establecido vínculos afectivos y merecería la pena ver el mundo virtual que hubiesen creado.

Lo que más me gustaba de todo el asunto era la importancia crucial del trabajo en equipo para el éxito de los proyectos. ¿Hasta dónde podían llegar aquellos alumnos? No tenía ni idea. ¿Podrían alcanzar sus sueños? La única respuesta segura para tal pregunta era: «En este curso, tú solo no podrás».

¿Había algún modo de elevar un poco el nivel de lo que estábamos haciendo?

El profesor de arte dramático Don Marinelli y yo, con el beneplácito de la universidad, nos sacamos de la manga una locura. Se llamaba, y todavía se llama, Centro de Tecnología del Entretenimiento (ETC, por sus siglas en inglés), pero nos gustaba pensar en él como en una fábrica donde los sueños se hacen realidad: un programa de posgrado de dos años en el que artistas y técnicos trabajaban juntos en atracciones, juegos de ordenador, *animatronics* y todo lo que se les ocurría.

Las universidades cuerdas nunca tocaban esos temas, pero Carnegie Mellon nos dio permiso explícito para que nos cargáramos el molde.

Los dos profesores personificábamos la mezcla del arte y la tecnología, el lado derecho del cerebro y el izquierdo, el informático y el dramaturgo. Dadas nuestras grandes diferencias de personalidad, en ocasiones uno se convertía en el muro inexpugnable del otro. Pero siempre acabábamos dando con la manera de hacer que la cosa funcionase. En consecuencia, los alumnos solían beneficiarse de lo mejor de nuestros enfoques divergentes y, desde luego, disfrutaban de un buen ejemplo de cómo trabajar con gente muy distinta de uno mismo. La combinación de libertad y trabajo en equipo llenaba el edificio de energía. Las empresas enseguida se enteraron de nuestra existencia y empezaron a ofrecer compromisos por escrito a tres años vista, lo que significaba que prometían contratar a gente que nosotros ni siquiera habíamos admitido todavía.

Don realizó el 70 por ciento del trabajo del Centro de Tecnología del Entretenimiento y le corresponde más del 70 por ciento del mérito. También ha creado un campus satélite en Australia y planea abrir centros similares en Corea y Singapur. Cientos de estudiantes por todo el mundo a los que nunca conoceré podrán hacer realidad los sueños más locos de su niñez. Sienta de maravilla.

27

La Tierra Prometida

Pueden posibilitarse los sueños ajenos a diferentes escalas. Puede hacerse uno a uno, como ocurrió con Tommy, que soñaba con *La guerra de las galaxias.* Puede hacerse a cincuentenas o a cientos como hicimos en la clase de CMV o en el ETC. Y, en caso de una ambición y un descaro aún mayores, se puede intentar hacerlo a gran escala, tratar de hacer posibles los sueños de millones de personas.

Me gustaría creer que esa es la historia de Alice, la herramienta informática de aprendizaje que tuve la fortuna de ayudar a desarrollar en Carnegie Mellon. Alice permite a los estudiantes de introducción a la programación —y a cualquiera, joven o viejo— crear animaciones fácilmente para contar una historia, jugar de manera interactiva o realizar un vídeo. Emplea diseños tridimensionales y técnicas de arrastrar-y-soltar para poner a disposición de los usuarios una primera experiencia de programación más atractiva, menos frustrante. Alice es un programa libre que Carnegie Mellon ofrece como un servicio público y que ya se han descargado más de un millón de personas. Se espera que los próximos años su uso se dispare.

Para mí, la escalabilidad de Alice es infinita. Hasta el punto de que me imagino a decenas de millones de niños utilizándolo para perseguir sus sueños.

Desde que empezamos Alice a principios de la década de 1990, siempre me ha gustado que enseñe a programar mediante regates. ¿Recordáis los regates? Es cuando enseñas algo a alguien haciéndole creer que está aprendiendo otra cosa. De modo que los estudiantes piensan que están usando Alice para hacer películas o crear juegos de ordenador. El regate radica en que en realidad están aprendiendo a convertirse en programadores informáticos.

Walt Disney soñaba con que Disneylandia nunca estuviese terminado. Quería que siguiera creciendo y cambiando eternamente. De igual modo, me entusiasma pensar que versiones futuras de Alice que en la actualidad están desarrollando colegas míos mejorarán lo que hicimos en el pasado. En iteraciones futuras, la gente pensará que están escribiendo guiones de películas, pero en realidad estarán aprendiendo lenguaje y programación Java. Y, gracias a mi amigo Steve Seabolt de Electronic Arts, hemos obtenido el permiso para utilizar personajes del juego de ordenador de mayor éxito de la historia, *The Sims.* Mola, ¿eh?

Sé además que el proyecto está en las mejores manos. El diseñador jefe de Alice es Dennis Cosgrove, que fue alumno mío en la Universidad de Virginia. Otra ex alumna que se ha convertido en colega es Caitlin Kelleher. Al echar un vistazo a Alice todavía en sus fases iniciales, Caitlin me confesó que entendía que facilitaba la tarea de programar, pero no por qué era divertido. Se lo expliqué: «Bueno, soy un macho compulsivo y me gusta mover soldaditos de un lado a otro bajo mis órdenes. Es divertido».

Así que Caitlin se preguntó cómo podía conseguir que Alice resultara igual de divertido para las mujeres y supuso que el secreto para captar el interés femenino estaba en la narración. Para su tesis de doctorado, construyó un sistema llamado «Narrar Alice».

Actualmente es profesora de ciencias informáticas en la Washington University de Saint Louis. Caitlin... uy, perdón: la doctora Kelleher está desarrollando sistemas nuevos que revolucionan las primeras experiencias de programación de las chicas. Caitlin ha demostrado que si se les presenta como una actividad narrativa, las chicas se muestran más que dispuestas a aprender a escribir software. De hecho, les encanta. Además, este nuevo enfoque no desanima a los chicos. A todo el mundo le gusta contar cuentos. Es una de las verdades universales de la especie. De manera que a mi modo de ver Caitlin se merece el premio al Mejor Regate de Todos los Tiempos.

En mi última clase magistral, mencioné que ahora comprendo mejor la historia de Moisés y cómo alcanzó a ver la Tierra Prometida pero no llegó a pisarla jamás. Yo me siento igual en relación a los éxitos futuros de Alice.

Quería que mi charla sirviera como una llamada para que colegas y estudiantes siguieran adelante sin mí y supieran que confío en que harán grandes cosas. (Podéis manteneros al corriente de sus progresos en www.alice.org).

Gracias a Alice, millones de niños van a pasárselo de miedo mientras aprenden de lo lindo. Desarrollarán capacidades que les pueden ayudar a alcanzar sus sueños. Ya que tengo que morir, me consuela haber dejado Alice como legado profesional.

Así que no pasa nada porque no vaya a pisar la Tierra Prometida. La vista sigue siendo magnífica.

V

SE TRATA DE CÓMO VIVIR LA VIDA

Esta sección se titula «Se trata de cómo vivir la vida», pero en realidad habla de cómo he intentado vivir la mía. Supongo que es mi forma de decir: a mí, esto me funcionó.

R. P.

28

Soñad a lo grande

El hombre pisó la Luna por primera vez en el verano de 1969, cuando yo tenía ocho años. Supe entonces que casi cualquier cosa era posible. Fue como si a todos nosotros, en todo el mundo, nos hubieran dado permiso para albergar grandes sueños.

Ese verano estaba de campamento y, cuando el módulo lunar aterrizó, nos condujeron a todos a la granja principal, donde instalaron un televisor. Los astronautas estaban tardando mucho en arreglarse antes de descender por la escalera y caminar sobre la superficie lunar. Lo entendí. Llevaban mucho equipo y había muchos detalles de los que ocuparse. Fui paciente.

Pero los encargados del campamento miraban el reloj sin parar. Pasaban de las once. Al final, mientras en la Luna se tomaban decisiones sabias, en la Tierra se decidió una estupidez. Se había hecho demasiado tarde. A los niños nos mandaron a las tiendas a dormir.

Estaba enfadadísimo con los responsables del campamento. No me quitaba de la cabeza la idea de que mi especie había salido del planeta y aterrizado en un mundo nuevo por primera vez en la historia y a aquella gente le preocupaba la hora de irse a dormir.

Pero cuando regresé a casa al cabo de unas semanas, me enteré de que mi padre había sacado una fotografía del televisor en el instante mismo en que Neil Armstrong pisaba la Luna. Había preservado aquel momento para mí, consciente de que podía despertar grandes sueños. Todavía conservamos esa foto en un álbum de recuerdos.

Comprendo los argumentos acerca de que los miles de millones de dólares que se gastaron en llevar al hombre a la Luna podrían haberse invertido en luchar contra la pobreza y el hambre en la Tierra. Pero, veréis, soy un científico que considera la inspiración la más útil de todas las herramientas para hacer el bien.

Cuando se emplea el dinero en la lucha contra la pobreza, puede ser de gran valor, pero demasiado a menudo se reduce a

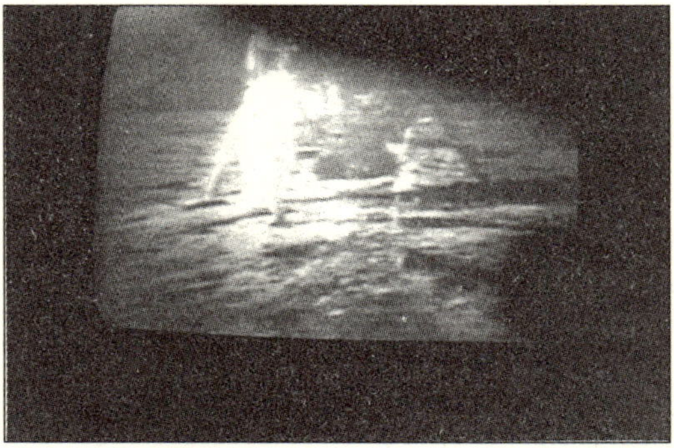

El alunizaje en nuestro televisor, por cortesía de mi padre.

una acción marginal. Cuando llevas a la gente a la Luna, nos inspiras a todos para explotar al máximo el potencial humano, que es la manera en que terminarán por solventarse los grandes problemas.

Permitíos soñar. Animad a vuestros hijos a soñar. De vez en cuando hasta es posible que implique dejarles ir a dormir tarde.

29

Serio es mejor que moderno

Siempre preferiré a una persona seria que a una moderna, porque la modernidad existe solo a corto plazo. La seriedad es a largo plazo.

La seriedad está muy subestimada. Nace de dentro, mientras que ser moderno consiste en intentar impresionar mediante la superficie.

A la gente «moderna» le encantan las parodias. Pero no existe una parodia atemporal, ¿verdad? Me merece mucho más respeto el tío serio que hace algo pensado para durar generaciones y que la gente moderna necesita parodiar.

Cuando pienso en alguien serio, pienso en un *boy scout* que trabaja con ahínco y obtiene el rango de águila. Cuando entrevistaba a gente para trabajar conmigo y me topaba con un candidato que había sido águila en los *scouts*, casi siempre intentaba contratarlo. Sabía que en algún lugar escondía una seriedad muy superior a cualquier tendencia superficial a ser moderno.

Pensadlo bien. Alcanzar el rango de águila en los *scouts* es prácticamente lo único que hicisteis con catorce años que todavía podéis incluir en el currículo a los cincuenta... y sigue im-

Mi vestuario no ha cambiado.

presionando. (Pese a todos mis esfuerzos, jamás conseguí llegar a águila.)

A propósito, la moda es mero comercio disfrazado de modernidad. No me interesa en absoluto, razón por la que rara vez compro ropa nueva. El hecho de que la moda pase de moda y vuelva a estar de moda según lo que unos pocos crean que van a vender a mí me parece... bueno, una locura.

Mis padres me enseñaron que se compra ropa nueva cuando la vieja se ha gastado. ¡Cualquiera que viera la ropa que lucí en mi última conferencia sabrá que todavía sigo su consejo!

Mi ropa dista mucho de estar a la moda. Es más bien seria. Y cumple su función perfectamente.

30
Izad la bandera blanca

Mi madre siempre me llama Randolph.

Se crió en una pequeña granja lechera de Virginia durante la Depresión preguntándose si habría comida suficiente para la cena. Eligió el nombre de Randolph porque le sonaba a virginiano con clase. Tal vez por eso yo siempre lo he aborrecido. ¿Quién quiere ser así?

Sin embargo, mi madre se mantuvo en sus trece. De adolescente, me encaré a mi madre:

—¿Realmente crees que tu derecho a escoger mi nombre está por encima de mi derecho a poseer una identidad propia?

—Sí, Randolph, lo creo.

Bueno, ¡al menos sabíamos qué terreno pisábamos!

Para cuando ingresé en la universidad estaba más que harto. Mi madre escribía a un tal Randolph Pausch. Yo garabateaba en el sobre que en aquella dirección no vivía nadie con aquel nombre y le devolvía las cartas sin abrir.

Luego, mi madre, a modo de gran concesión, empezó a dirigir las cartas a R. Pausch. Esas, las abría. Pero por otro lado, cuando hablábamos por teléfono, la mujer volvía a las andadas: «¿Te ha llegado nuestra carta, Randolph?».

Ahora, después de tantos años, me he rendido. Aprecio tanto a mi madre y por tantas razones que si se empeña en cargarme con el innecesario «olph», lo acepto con alegría. La vida es demasiado corta.

Mi madre y yo en la playa.

De algún modo, con el transcurrir de los años y las fechas límite que impone la vida, me pareció que lo correcto era rendirse.

31
Hagamos un trato

Cuando estudiaba el posgrado cogí el hábito de balancearme en la silla mientras estaba en la mesa del comedor. También lo hacía cada vez que iba a visitar a mis padres y mi madre no paraba de regañarme. Me decía: «¡Randolph, vas a romper la silla!».

A mí me gustaba recostarme en la silla. Estaba cómodo. Y me parecía que la silla se las apañaba bastante bien sobre dos patas. De modo que, comida tras comida, me echaba para atrás y mi madre me reñía.

Un día me advirtió: «Deja ya de balancearte. ¡No pienso repetírtelo!».

A mí se me antojó un buen trato. De manera que le propuse poner por escrito un contrato de acuerdo entre madre e hijo. Si yo rompía la silla, tendría que pagar no solo la silla nueva... sino, a modo de incentivo, todo el juego de comedor. (Reemplazar una sola silla de un juego de hacía veinte años habría resultado imposible.) Pero, hasta que no rompiera la silla, se acababan los sermones.

Desde luego mi madre tenía razón y yo estaba forzando las patas de la silla. Pero los dos coincidimos en que el acuerdo nos evitaría discusiones. Yo reconocía mi responsabilidad en caso de que se produjera algún daño. Y ella, si se rompía una pata de la silla, siempre podría decirme: «Deberías hacer caso de lo que te dice tu madre».

La silla nunca se rompió. Y cuando visito a mi madre, el acuerdo todavía sigue vigente. Nadie levanta la voz. De hecho, la dinámica de las reuniones ha cambiado. No diré que mi madre ha llegado al punto de animarme a que me balancee en la silla. Pero sospecho que hace tiempo que le echó el ojo a un juego de comedor nuevo.

32

Más trabajar y menos quejarse

Demasiada gente pasa por la vida quejándose de sus problemas. Yo siempre he creído que si la gente invirtiera una décima parte de la energía que malgasta en quejarse en resolver el problema, les sorprendería descubrir lo bien que pueden funcionar las cosas.

A lo largo de mi vida he conocido a algunas personas fantásticas que nunca se quejaban. Una de ellas era Sandy Blatt, mi casero de posgrado. De joven un camión le había golpeado marcha atrás mientras descargaba unas cajas en una bodega. Sandy había caído de espaldas por las escaleras de la bodega. Cuando le pregunté lo larga que había sido la caída, se limitó a responder: «Lo suficiente». Se pasó el resto de la vida tetrapléjico.

Sandy había sido un gran atleta y en el momento del accidente estaba prometido en matrimonio. Como no quería ser una carga para la novia, le dijo a su prometida: «No te comprometiste a esto. Si quieres echarte atrás, lo entenderé. Puedes irte en paz». Y ella se fue.

Conocí a Sandy cuando el hombre tenía treinta y pico años y me maravilló su actitud. Desprendía un aura de tío que no se queja. Había trabajado mucho y se había sacado el título de consejero matrimonial. Se había casado y adoptado niños. Y cuando hablaba de cuestiones médicas, lo hacía siempre con total naturalidad. Una vez me explicó que para los tetrapléjicos los cambios de temperatura son especialmente duros porque no tiemblan. Así que me pedía que le pasara una manta y punto.

Puede que mi anti-quejas preferido de todos los tiempos sea Jackie Robinson, el primer afroamericano que jugó en la Liga Nacional de Béisbol. Soportó un racismo que la mayoría de los jóvenes de hoy ni siquiera pueden imaginar. Sabía que tenía que jugar mejor que los blancos y trabajar más que ellos. De modo que lo hizo. Se juró no quejarse, ni siquiera aunque los seguidores le escupieran.

Yo tenía una fotografía de Jackie Robinson colgada de la pared del despacho y me entristecía que tan pocos estudiantes le reconocieran o supieran algo de él. Muchos ni siquiera se fijaban en la foto. Los jóvenes que han crecido con la tele en color no dedican mucho tiempo a contemplar imágenes en blanco y negro.

Es una lástima. No existen mejores ejemplos de conducta que gente como Jackie Robinson y Sandy Blatt. La moraleja de sus vidas es la siguiente: quejarse no es una buena estrategia. Todos disponemos de un tiempo y una energía limitados. Es muy improbable que el tiempo que invertimos quejándonos nos ayude a alcanzar nuestras metas. Y no va a hacernos más felices.

33

Tratad la enfermedad, no los síntomas

Hace años salí con una joven encantadora que debía unos cuantos miles de dólares. La situación la tenía completamente estresada. Y cada mes se añadían intereses a la deuda.

Para tratar de sobrellevar la ansiedad, los martes por la noche asistía a una clase de yoga y meditación. Era su única noche libre y, según ella, la clase le era de gran ayuda. Inspiraba e imaginaba que encontraba maneras de pagar la deuda. Espiraba y se decía que un día habría dejado atrás los problemas de dinero.

Y así un martes tras otro.

Al final, un día repasé su situación financiera con ella. Calculé que si encontraba un trabajo de cuatro o cinco meses para los martes por la noche podría devolver todo el dinero que debía.

Le expliqué que no tengo nada en contra del yoga ni la meditación. Pero creía que siempre era mejor tratar primero la enfermedad. Sus síntomas eran estrés y ansiedad. Su enfermedad, el dinero que debía.

De modo que le sugerí que se saltara las clases de yoga una temporada y trabajara los martes por la noche.

Para ella fue como una revelación. Y siguió mi consejo. Encontró trabajo de camarera los martes por la noche y enseguida canceló todas las deudas. Después, retomó el yoga y respiraba con mucha más facilidad.

34

No os obsesionéis con lo que piensa la gente

He descubierto que un porcentaje sustancial de los días de mucha gente se va en preocuparse por lo que los demás piensan de ellos. Si nadie se preocupara nunca por el qué dirán, ganaríamos un 33 por ciento de eficacia en la vida y el trabajo.

¿Cómo he conseguido calcular ese 33 por ciento? Soy científico. Me gustan los números exactos, incluso cuando no puedo demostrarlos. Así que nos quedaremos con esa cifra.

A las personas que habitualmente estaban trabajando conmigo en el equipo de investigación acostumbraba a decirles: «No tenéis que preocuparos por lo que pienso. Bueno o malo, os lo haré saber».

Lo cual implicaba que cuando no estaba contento con algo, lo decía, a menudo de manera directa y no siempre con el tacto deseable. Pero por otro lado, podía tranquilizar a la gente con un simple: «Si no he dicho nada, es que no tienes que preocuparte de nada».

Alumnos y colegas terminaron por apreciar mi enfoque y no

perdían el tiempo obsesionándose por lo que Randy pudiera pensar. Porque casi siempre lo que pensaba era esto: «Tengo gente en mi equipo que es el 33 por ciento más eficiente que los demás». Eso pensaba.

35

Empezad por compartir mesa

Cuando tengo que trabajar con otras personas, intento imaginarnos sentados juntos con una baraja de cartas. Yo siempre tiendo a poner todas mis cartas sobre la mesa, al descubierto, y decirle al grupo: «¿Qué podemos hacer colectivamente con esta baza?».

Ser capaz de trabajar bien en equipo es vital y necesario tanto en el mundo laboral como en la familia. Por eso siempre he encargado a mis alumnos proyectos que debían realizar en grupo.

Con los años, mejorar las dinámicas de grupo se convirtió casi en una obsesión. El primer día del semestre, dividía la clase en una docena aproximada de equipos de cuatro personas. Luego, el segundo día de clase, les entregaba un escrito de una página titulado «Trucos para trabajar en grupo con éxito». Lo leíamos sin saltarnos una sola línea. Algunos alumnos se consideraban por encima de mis trucos. Tenían la vista perdida. Daban por supuesto que ya sabían colaborar con los demás: habían aprendido en el patio de la guardería. No necesitaban propuestas rudimentarias.

Pero los alumnos más conscientes aceptaban mis recomendaciones. Intuían que intentaba enseñarles cuatro fundamentos básicos. Era un poco como cuando el entrenador Graham se presentaba al entrenamiento sin pelota. Estos son algunos de esos trucos:

Presentaos como es debido. Todo empieza por una buena presentación. Intercambiad informaciones de contacto. Aseguraros de que conocéis el nombre de todos.

Descubrid puntos en común. Casi siempre se puede encontrar algo en común con la otra persona y, a partir de ahí, resultará más fácil afrontar los temas en los que surjan divergencias. El deporte supera las barreras de la raza y la clase social. Y si no, todos compartimos la climatología.

Buscad condiciones óptimas para reuniros. Que nadie tenga hambre ni frío, ni esté cansado. Reuníos en torno a una comida siempre que sea posible: la comida facilita los encuentros. Por eso «almuerzan» hasta en Hollywood.

Que hable todo el mundo. No terminéis las frases de otros. Hablar más rápido o más alto no significa que tu idea sea mejor.

Dejad los egos en casa. Cuando debatáis ideas, dadles nombre y anotadlas. El nombre debería describir la idea, no al que la tuvo: así, hablaríamos de «la anécdota del puente», no de «la anécdota de Jane».

Elogiaos unos a otros. Pensad en algo agradable que decir aunque cueste. Con empeño, pueden descubrirse tesoros en las peores ideas.

Plantead las alternativas como preguntas. En lugar de decir: «Creo que deberíamos hacer esto o lo otro», probad con: «¿Y si hiciéramos esto o lo otro?». Así la gente puede aportar comentarios en lugar de tener que defender su elección.

Al final de esta pequeña lección les contaba a los alumnos que había descubierto una manera mejor de pasar lista. «Me resulta más fácil pasar lista por grupo —les decía—: Grupo Uno, levantad la mano... ¿Grupo Dos?...»

A medida que nombraba los grupos, ellos levantaban la mano. «¿Nadie ha notado nada raro? —preguntaba. Nadie respondía. De modo que volvía a pasar lista por grupos—. ¿Grupo Uno?... ¿Grupo Dos?... ¿Grupo Tres?...» Volvían a alzarse brazos por toda el aula.

A veces tienes que ponerle un poco de teatro para que los alumnos te hagan caso, en especial en los temas sobre los que creen saberlo todo. De modo que hacía lo siguiente:

Seguía pasando lista hasta que terminaba alzando la voz. «¿Por qué leches seguís sentados con los amigos? ¿Por qué no estáis sentados con el resto del grupo?»

Algunos adivinaban que el enfado era fingido, pero todos me tomaban en serio. «Voy a salir de clase y volveré dentro de sesenta segundos. Cuando regrese, ¡quiero que todos estéis con vuestro grupo! ¿Lo ha entendido todo el mundo?» Salía fuera y oía el pánico apoderarse del aula mientras los estudiantes recogían las carteras y corrían a reunirse con su grupo.

Cuando regresaba, les explicaba que mis consejos para trabajar en grupo no pretendían insultar su inteligencia ni su madurez. Sencillamente quería demostrarles que, visto que habían pasado por alto un detalle tan simple como que tenían que sentarse con sus compañeros, no les vendría mal repasar el resto de conceptos básicos del trabajo en equipo.

En la clase siguiente, y durante el resto del semestre, los estudiantes (que no eran tontos) siempre se sentaban en grupo.

36

Esperad lo mejor de todo el mundo

Este bonito consejo me lo dio una vez Jon Snoddy, mi héroe de Disney Imagineering. Me impresionó su modo de plantearlo: «Si esperas el tiempo suficiente, la gente te sorprenderá y te impresionará».

En opinión de Jon cuando la gente te decepciona, cuando te enoja, puede que solo sea porque no les has concedido suficiente tiempo.

Jon me advirtió que en ocasiones había que tener mucha paciencia, incluso años de paciencia. «Pero al final —me dijo—, la gente te enseña su lado bueno. Casi todo el mundo tiene un lado bueno. Tú, espera. Saldrá a la luz.»

37

Fijarse en lo que hacen, no en lo que dicen

Mi hija solo tiene dieciocho meses, así que ahora no se lo puedo contar, pero cuando tenga edad suficiente quiero que Chloe sepa algo que me contó una vez una colega y que es un buen consejo para cualquier jovencita. De hecho, bien pensado, es el mejor consejo que he escuchado en la vida.

Mi colega me dijo: «Me ha costado mucho tiempo, pero al final lo he entendido. En lo referente a los hombres que se interesan por una en un sentido romántico, la cosa es muy simple. Tienes que pasar por alto todo lo que dicen y fijarte en lo que hacen».

Pues eso. Este consejo es para Chloe.

Y ahora que lo pienso, algún día también podría serles de utilidad a Dylan y Logan.

38
Si no triunfáis de entrada...

...INTENTADLO, INTENTADLO con un cliché.

Adoro los clichés. Al menos, muchos de ellos. Siento un gran respeto por los dichos de siempre. A mi entender, la razón por la que se repiten es que acostumbran a dar justo en el clavo.

Los educadores no deberían temer a los clichés. ¿Sabéis por qué? ¡Porque los chavales no los conocen! Son un público nuevo al que los clichés pueden inspirar. Lo he visto pasar una y otra vez en mis clases.

Baila con el que te trajo al baile. Es un cliché que mis padres me repetían constantemente y que puede aplicarse fuera del baile de graduación. Debería ser un mantra del mundo de los negocios, la universidad y el hogar. Nos recuerda el valor de la lealtad y el reconocimiento.

La suerte es lo que ocurre cuando la preparación coincide con la oportunidad. La frase es de Séneca, el filósofo romano del año 5 a. C. Merece la pena repetirla como mínimo otros dos mil años.

Tanto si piensas que puedes como si no, tienes razón. Procede de mi repertorio de clichés para los alumnos nuevos.

Por lo demás, señora Lincoln, ¿qué tal la obra? Se lo decía a los estudiantes para recordarles que no debían centrarse en minucias y pasar por alto las grandes cuestiones.

También me gustan muchos clichés de la cultura pop. No me importa que mis hijos vean *Superman*, y no porque sea fuerte y pueda volar, sino porque lucha por «la verdad, la justicia y el estilo de vida americano». La frase me vuelve loco.

Me entusiasma la película *Rocky*. Me gusta hasta la banda sonora. Y lo que más me gustó del primer *Rocky* fue que a él no le importaba ganar el combate que pone fin a la película. Sencillamente no quería perder por KO. Era mi objetivo. Durante los momentos más dolorosos del tratamiento, Rocky me sirvió de inspiración porque me recordaba que lo importante no es lo fuerte que golpeas, sino lo fuerte que te golpean... y aguantas.

Por supuesto, de todos los clichés del mundo, mis preferidos son los que proceden del fútbol. Los colegas estaban acostumbrados a verme por los pasillos de Carnegie Mellon lanzando una pelota. Me ayudaba a pensar. Probablemente dirían que para mí las metáforas futbolísticas tenían el mismo efecto. Pero a algunos de mis alumnos, de ambos sexos, les costaba adaptarse. Por ejemplo, estábamos discutiendo sobre algoritmos informáticos y yo les hablaba de fútbol. Me excusaba con ellos: «Lo siento. Pero para vosotros es más fácil aprender los rudimentos del fútbol americano que para mí toda una vida de clichés nuevos».

Me gustaba que mis alumnos ganasen por el Gipper, saliesen y ejecutaran el plan, mantuviesen el ataque, cubrieran el campo, evitaran perder la posesión de la pelota y ganaran partidos aunque fueran a lamentarlo el lunes. Mis alumnos lo sabían: lo importante no es solo ganar o perder, es cómo juegas el cliché.

39
Sed el primer pingüino

La experiencia es lo que te queda cuando no consigues lo que querías.

Es una expresión que aprendí cuando pasé un período sabático en Electronic Arts, la empresa fabricante de videojuegos. Se me quedó grabada y he acabado repitiéndosela una y otra vez a los alumnos.

Es una frase que vale la pena tener presente cuando nos topamos con un muro, con una decepción. También nos recuerda que el fracaso no solo es aceptable, sino, a menudo, esencial.

Cuando impartía el curso de Construcción de Mundos Virtuales animaba a los estudiantes a que intentaran cosas difíciles sin preocuparse por la posibilidad de fracasar. Quería recompensar esa forma de pensar. De manera que a final del semestre, regalaba a uno de los equipos de estudiantes un peluche, en concreto, un pingüino. Se llamaba el galardón al Primer Pingüino y lo ganaba el equipo que más se arriesgaba probando ideas y tecnologías nuevas aunque no alcanzara los objetivos propuestos. En esencia, era un premio a los fracasos gloriosos y celebraba el pensamiento original y la imaginación audaz.

Los otros estudiantes llegaban a la conclusión de que los galardonados con el «Primer Pingüino» eran perdedores con un gran futuro por delante.

El nombre del premio derivaba de la idea de que cuando los pingüinos se disponen a zambullirse en aguas que podrían contener depredadores, bueno, alguno tiene que ser el primero. Al principio había pensado en «Premio al Mejor Fracaso», pero el término fracaso tiene tantas connotaciones negativas que los alumnos no veían más allá de la palabra en sí.

Con los años, también me preocupé de explicarles a los estudiantes que la industria del entretenimiento cuenta con un sinfín de productos fallidos. No es como construir casas, porque cualquier casa que se construye puede ser habitable. Se puede crear un videojuego y que este no supere nunca las fases de investigación y desarrollo. O puede sacarse al mercado y que nadie quiera jugar con él. Sí, por eso se valora tanto a los creadores de videojuegos que han cosechado éxitos. Pero también se valora a los que han fracasado, en ocasiones, incluso más.

Las empresas que empiezan a menudo prefieren contratar a un director o directora ejecutivo que haya sufrido algún fracaso inicial. El que ha fracasado sabe cómo evitar futuros fracasos. La persona que solo ha conocido el éxito puede ser menos consciente de las dificultades.

La experiencia es lo que te queda cuando no consigues lo que querías. Y con frecuencia la experiencia es lo más valioso que puedes aportar.

40
Atraed la atención de la gente

Muchos de mis alumnos eran de una gran inteligencia. Sabía que se incorporarían al mundo laboral y crearían programas nuevos, proyectos de animación y dispositivos para el entretenimiento estupendos. Igual que sabía que tenían potencial para, al mismo tiempo, decepcionar a millones de personas.

Los ingenieros o científicos informáticos no siempre piensan en la manera de construir las cosas para que resulten fáciles de utilizar. A muchos de nosotros se nos da fatal explicar de manera simple tareas complejas. ¿Alguna vez habéis leído el manual de uso de un reproductor de vídeo? Pues entonces habéis experimentado la decepción de la que hablo.

Por eso quería inculcar en mis estudiantes la importancia de pensar en los usuarios finales de sus creaciones. ¿Cómo podía dejarles claro lo fundamental de no crear tecnología que resulte irritante? Se me ocurrió un método infalible de atraer la atención.

Cuando daba un curso sobre «interfaces de usuario» en la Universidad de Virginia, el primer día de clase llevaba conmigo un aparato de vídeo en perfecto estado. Lo colocaba en una mesa frente a toda la clase. Sacaba un martillo. Y destruía el aparato.

A continuación les decía: «Cuando construimos algo difícil de usar la gente se altera. Se enfada tanto que quiere destruirlo. No queremos construir cosas que la gente quiera destruir».

Los estudiantes me miraban con una expresión mezcla de sorpresa, incredulidad y diversión. Estaban interesados. Pensaban: «No sé quién es este tío, pero está claro que mañana vengo a clase a presenciar su próxima proeza».

Desde luego me ganaba su atención. Que es siempre el primer paso para solucionar un problema que se ha decidido pasar por alto. (Cuando me fui de la Universidad de Virginia para incorporarme a Carnegie Mellon, mi amigo y colega Gabe Robins me regaló un martillo con una placa que decía: «¡Tantos vídeos y tan poco tiempo!».)

Todos mis alumnos de la Universidad de Virginia forman parte ya de la población activa. Confío en que mientras crean nuevas tecnologías de vez en cuando pase por su mente aquel martillo mío y les haga pensar en las masas frustradas y anhelantes de simplicidad.

41
El arte de las notas de agradecimiento

Mostrar gratitud constituye una de las cosas más sencillas y poderosas que un ser humano puede hacer por otro. Y pese a mi aprecio por la eficiencia, considero que las notas de agradecimiento deben hacerse a la antigua, con bolígrafo y papel.

Los encargados de realizar entrevistas de trabajo o seleccionar solicitudes de admisión atienden a montones de interesados. Leen toneladas de currículos de estudiantes de sobresaliente con numerosas aptitudes. Pero no reciben muchas notas de agradecimiento escritas a mano.

Para un estudiante de notable alto, una nota de agradecimiento escrita a mano significa al menos medio punto más a los ojos de un posible jefe o del encargado de su admisión. Le convertirá en estudiante de sobresaliente. Y, como las notas manuscritas se han convertido en una rareza, le recordarán.

Cuando les daba este mismo consejo a mis alumnos no buscaba que empezaran a urdir estratagemas intrigantes, aunque sé que algunos lo entendieron así. Mi consejo iba más en la línea de que comprendieran que en la vida pueden hacerse cosas respetuosas y consideradas que el destinatario sabrá apreciar y de las que solo pueden derivarse buenos resultados.

Por ejemplo, recuerdo a una chica que pidió ingresar en el Centro de Tecnología del Entretenimiento y a la que estábamos a punto de denegarle la plaza. Tenía grandes sueños, quería diseñar para Disney. Sus notas, exámenes y trabajos eran buenos, pero no lo bastante para lo selectivos que podíamos permitirnos ser en el ETC. Antes de pasar su petición al montón de los rechazos, decidí volver a repasar su ficha. Al hacerlo me fijé en una nota de agradecimiento escrita a mano y oculta entre las otras páginas.

La nota no iba dirigida a mí ni al codirector del curso, Don Marinelli, ni a ningún otro miembro del profesorado, sino que se la habían enviado a otro empleado de la universidad que no pertenecía al cuerpo docente pero que le había ayudado en los preparativos de la visita al campus. El empleado en concreto no podía decidir acerca de su petición y por tanto la nota no buscaba hacerle la pelota. Se trataba sencillamente de unas palabras de agradecimiento a alguien que, sin que la estudiante lo supiera, había guardado la nota en la carpeta de su solicitud de ingreso. Allí me la encontré al cabo de varias semanas.

Al haberla descubierto dándole las gracias a alguien solo por ser agradable, me entretuve en reflexionar sobre lo ocurrido. La chica había escrito la nota a mano. Lo cual, según le expuse después a Don, me decía más sobre ella que el resto de su expediente. Volví a repasar su ficha. Pensé en la chica. Impresionado por la nota, decidí que merecía que nos arriesgáramos con ella y Don estuvo de acuerdo conmigo.

Entró en el ETC, obtuvo su título de máster y ahora diseña para Disney.

Le he contado su historia y ahora ella se la cuenta a otros.

Pese a todo lo que me está pasando y al tratamiento médico, todavía intento dar las gracias por escrito cuando considero importante hacerlo. Sencillamente, por ser agradable. Y nunca se sabe la magia que puede desencadenar una nota al aterrizar en el buzón del destinatario.

42

La lealtad es una calle de doble sentido

Cuando Dennis Cosgrove estudiaba uno de mis cursos de posgrado en la Universidad de Virginia a principios de los años noventa, me pareció digno de admiración. Su trabajo en el laboratorio impresionaba. Además, era ayudante del profesor del curso sobre sistemas operativos. Estudiaba el máster. Y sacaba sobresalientes.

Bueno, al menos en la mayoría de las clases. En Cálculo III, suspendía. Y no por falta de capacidad. Sencillamente se centraba tanto en los cursos informáticos, en su trabajo de ayudante del profesor y colaborando en las investigaciones del laboratorio que había dejado de asistir a clase de cálculo.

El tema acabó derivando en un problema grave y en más de una ocasión terminó el semestre con todo sobresalientes y un suspenso.

Llevábamos un par de semanas del nuevo semestre cuando el expediente académico de Dennis llamó la atención de un decano en particular. El decano sabía de la inteligencia de Dennis, conocía los resultados de sus pruebas de aptitud. Pero a su modo de ver los suspensos de Dennis se debían a un problema de actitud, no de aptitud. Quería expulsar a Dennis. Y yo sabía que Dennis no había recibido ni una sola advertencia al respecto. De hecho, tanto sobresaliente compensaba los suspensos hasta el punto de que académicamente no podía expulsársele. Sin embargo, el decano se acogió a una oscura norma que posibilitaba la expulsión. Decidí respaldar a mi alumno. «Mira —le dije al decano—. Dennis es como un cohete muy potente pero sin alerones. Es la estrella del laboratorio. Si le expulso ahora irá en contra de todo lo que intentamos hacer aquí. Estamos aquí para enseñar, para educar. Sé que Dennis tiene un futuro especial. Ahora no podemos echarlo.»

El decano no estaba contento conmigo. Me consideraba un profesor joven y prepotente.

Así que exploté mi prepotencia. Recurrí a la estrategia. Había comenzado un semestre. La universidad había cobrado la matrícula de Dennis. A mi modo de ver, aquello era una forma de decirle que podía seguir estudiando con nosotros. De haberlo expulsado antes de iniciarse el semestre, Dennis podría haber intentado entrar en otro centro. Ahora era demasiado tarde.

Le pregunté al decano:

—¿Y si contrata a un abogado que argumente justo lo mismo? Hasta yo podría testificar a su favor. ¿Quieres que un miembro del profesorado testifique en contra de la universidad? —Le desconcerté.

—Eres solo un profesor interino. Ni siquiera tienes plaza de titular. ¿Por qué metes las narices y haces tuya esta batalla?

—Te diré por qué. Quiero responder por Dennis porque creo en él.

El decano me miró un buen rato.

—Me acordaré de esto cuando se debata tu titularidad.

—En otras palabras, si Dennis volvía a cagarla, mi criterio quedaría cuestionado.

—Trato hecho —le dije al decano.

Y Dennis pudo seguir en la facultad.

Aprobó Cálculo III, nos llenó a todos de orgullo y después de graduarse, se convirtió en una estrella de las ciencias informáticas, galardonado con numerosos premios. Desde entonces forma parte de mi vida y mi laboratorio. De hecho, es uno de los padres fundadores del proyecto Alice. Como diseñador, es responsable de trabajos de programación pioneros destinados a hacer más accesible a los jóvenes el sistema de la realidad virtual.

Decidí responder por Dennis cuando el chico tenía veintiún años. Ahora que tiene treinta y siete, él responderá por mí. Le he confiado el futuro de Alice como científico investigador encargado del diseño y la puesta en marcha de mi legado profesional.

Hace mucho tiempo, cuando Dennis lo necesitó, yo hice posible su sueño... y ahora que yo lo necesito, él está haciendo posible el mío.

43
La solución del viernes noche

Conseguí la plaza de titular un año antes de lo que acostumbra a ser habitual. Cosa que por lo visto impresionó a otros profesores interinos.

—Vaya, qué rápido has obtenido una plaza —me comentaban—. ¿Cuál es el secreto?

—Muy sencillo. Llamadme al despacho cualquier viernes a las nueve de la noche y os lo diré. —Por supuesto, eso lo hacía antes de tener familia.

Mucha gente busca atajos. Yo he descubierto que el mejor atajo es el camino más largo, que básicamente consta de dos palabras: trabajo duro.

A mi modo de ver, si trabajas más horas que los demás, en esas horas aprendes más del oficio que ellos. Lo que puede hacerte más eficiente, capaz y feliz. El trabajo duro es como el interés compuesto de los bancos. La recompensa se acumula más rápido.

Lo mismo cabe decir de la vida fuera del trabajo. Toda mi vida adulta me he sentido impelido a preguntar a las parejas que llevaban mucho tiempo de matrimonio cómo conseguían seguir juntos. Todas me contestaban lo mismo: «Trabajando duro».

44

Sed agradecidos

No mucho tiempo después de conseguir la titularidad en la Universidad de Virginia me llevé a los quince miembros del equipo de investigación a pasar una semana en Disney World para darles las gracias.

Un colega profesor me preguntó en un aparte cómo podía hacer algo así. Tal vez creyera que estaba sentando un precedente que otros profesores próximos a la titularidad no desearían emular.

«¿Que cómo he podido hacerlo? —le contesté—. Esta gente se ha dejado la piel por mí y me ha conseguido el mejor trabajo del mundo de por vida. ¿Cómo no iba a hacerlo?»

De manera que los dieciséis pusimos rumbo a Florida en una furgoneta. Lo pasamos en grande y además me aseguré de que aprendieran algo de tanta diversión. Por el camino nos detuvimos en varias universidades y visitamos varios grupos de investigación informática.

El viaje a Disney World fue una manera fácil de mostrar gratitud. Era un regalo tangible y perfecto porque esa experiencia la podía compartir con personas a las que apreciaba.

Sin embargo, no siempre es tan fácil dar las gracias.

Uno de mis mayores mentores fue Andy van Dam, mi profesor de ciencias informáticas en Brown. Me dio sabios consejos. Cambió mi vida. Jamás podré devolverle todo lo que me ha dado, así que intento hacer lo mismo por otros.

Siempre me ha gustado decirles a mis alumnos: «Haced por los demás lo que alguien hizo por vosotros». Que era lo que me esforzaba en conseguir llevándolos a Disney World o hablándoles de sueños y metas.

45
Mandad galletas

Entre mis responsabilidades universitarias se contaba la de ejercer de crítico académico. Lo cual se traducía en pedir a otros profesores universitarios que leyeran densos trabajos de investigación y los reseñaran. Una tarea que puede resultar tediosa e incluso dar sueño. Pero se me ocurrió una idea. Mandaba una caja de las típicas galletas de menta y chocolate de las *girl scouts* con cada texto que debían leer. La acompañaba de la siguiente nota: «Gracias por aceptar. Te envío unas galletas como recompensa. Pero no puedes comértelas hasta que acabes la reseña».

Así les arrancaba una sonrisa. Y nunca tenía que telefonearles para meterles prisa. Tenían la caja de galletas sobre la mesa. Sabían lo que tenían que hacer.

Por supuesto, alguna vez tenía que enviar un correo electrónico de recordatorio. Pero me bastaba con una frase: «¿Ya te has comido las galletas?».

He descubierto que las galletas son una herramienta comunicativa estupenda. Además de una dulce recompensa por un trabajo bien hecho.

46

Solo tienes lo que has llevado contigo

Siempre he sentido la necesidad de estar preparado para cualquier situación en que pudiera encontrarme. Cuando salgo de casa, ¿necesito llevarme algo conmigo? Cuando doy una clase, ¿qué preguntas debería esperar? Cuando preparo el futuro de la familia sin mí, ¿qué documentos debería tener listos?

Mi madre recuerda llevarme al colmado cuando yo solo tenía siete años. Al acercarnos a la caja mi madre se acordó de que había olvidado comprar un par de cosas de la lista. Me dejó con el carrito y corrió a buscarlas.

«Enseguida vuelvo», me dijo.

Solo tardó unos minutos, pero en ese rato yo había depositado toda la compra sobre la cinta transportadora y la cajera lo había marcado todo. Así que me quedé mirando a la cajera, que también me miraba fijamente. Al final la mujer decidió tomárselo con buen humor. «¿Tienes dinero, hijo? Porque alguien tendrá que pagarme.»

Yo no me di cuenta de que la cajera bromeaba. De modo que me quedé helado, muerto de vergüenza.

Cuando mi madre regresó me encontró enfadado. «¡Me has

dejado aquí sin dinero! ¡Esta señora me ha pedido dinero y no tenía nada para darle!»

Ahora que soy adulto, jamás me pillarás con menos de doscientos dólares en la cartera. Me gusta ir preparado por si los necesito. Desde luego, podría perder la cartera o me la podrían robar. Pero para alguien que se gana bien la vida, merece la pena arriesgar esos doscientos dólares. En cambio, no tener dinero a mano cuando lo necesitas puede significar un problema mucho mayor.

Siempre he admirado a la gente previsora. En la universidad iba a clase con un tal Norman Meyrowitz. Un día Norm estaba presentando un trabajo ayudado por un proyector cuando, en plena exposición, se fundió la bombilla del aparato. El público no disimuló su fastidio. Tendríamos que esperar diez minutos a que alguien encontrara otro proyector.

«No pasa nada —anunció Norm—. No tenéis que preocuparos.»

Le vimos dirigirse a su mochila y extraer algo del interior. Llevaba una bombilla de recambio para el proyector. ¿Quién hubiese pensado en eso?

Dio la casualidad de que el profesor, Andy van Dam, estaba sentado a mi lado. Se inclinó y comentó: «Este chaval tiene futuro». Acertaba. Norm es un alto ejecutivo de Macromedia Inc., empresa en la que sus esfuerzos han afectado prácticamente a cualquiera que hoy en día use internet.

Otro modo de prepararse es ponerse en lo peor.

Sí, soy un gran optimista. Pero cuando tengo que tomar una decisión, a menudo imagino la peor de las posibilidades. Lo llamo «El Factor Devorado por los Lobos». Si hago algo,

¿qué es lo más terrible que podría ocurrir? ¿Acabaré devorado por los lobos?

Una de las medidas que te permiten ser optimista es contar con un plan para imprevistos cuando se arma la gorda. Hay muchas cosas por las que no me preocupo porque tengo un plan pensado en caso de necesitarlo.

A menudo les digo a mis alumnos: «En el desierto solo tienes lo que te has llevado contigo». Y en esencia el desierto es cualquier lugar menos el hogar o la oficina. Así que llevad dinero encima. Llevad recambios. Imaginad a los lobos. Coged una bombilla. Preparaos.

47
Una mala disculpa es peor que no disculparse

Con las disculpas no basta con aprobar o suspender. Como solía insistirles a mis alumnos: cuando uno se disculpa, cualquier actuación por debajo del sobresaliente equivale a un suspenso.

Las disculpas desganadas o poco sinceras a menudo son peores que no disculparse en absoluto porque el que las recibe se siente insultado. Si habéis hecho algo mal en vuestro trato con otra persona es como si la relación se hubiera infectado. Y una buena disculpa funciona como un antibiótico mientras que una mala es como frotar con sal una herida.

El trabajo en grupo constituía un elemento crucial de mis clases y resultaba imposible evitar las fricciones entre los estudiantes. Algunos alumnos no hacían su parte. Otros estaban tan pagados de sí mismos que subestimaban a los compañeros. Mediado el semestre nunca estaban de más unas disculpas. Cuando los estudiantes no se disculpaban, todo se descontrolaba. Así que les echaba con frecuencia mi discursito sobre las disculpas.

Empezaba describiendo dos malas disculpas clásicas:

1) «Lamento que te sientas herido por lo que he hecho.» (Es un intento de bálsamo emocional pero salta a la vista que no quieres curar la herida.)
2) «Te pido disculpas, pero tú también deberías disculparte por lo que has hecho.» (Eso no es disculparse. Es exigir una disculpa.)

Las verdaderas disculpas constan de tres partes:

1) Lo que hice estuvo mal.
2) Lamento haberte molestado.
3) ¿Cómo podría compensarte?

Sí, cabe la posibilidad de que alguien se aproveche de vosotros al contestar a la tercera pregunta. Pero la mayoría de la gente valorará sinceramente vuestros esfuerzos. Tal vez se les ocurra un modo sencillo, pequeño, de compensarles. Y con frecuencia se esforzarán más para mejorar las relaciones entre vosotros.

Los estudiantes solían preguntarme qué pasaba si ellos se disculpaban y la otra persona no. Yo les contestaba que, como eso no dependía de ellos, no valía la pena que se preocuparan más.

Si alguien os debe una disculpa y vosotros os habéis disculpado con esa persona de corazón y con corrección, sigue cabiendo la posibilidad de que no os pida disculpas durante un tiempo. Al fin y al cabo, ¿qué probabilidades hay de que se encuentre en el estado emocional adecuado para disculparse en el mismo momento que vosotros? Sed pacientes. A lo largo de mi carrera he presenciado muchas veces cómo unos estudiantes se disculpaban y, al cabo de unos días, sus compañeros hacían lo mismo. Vuestra paciencia será apreciada y recompensada.

48

Decid la verdad

Si solo pudiera dar tres palabras de consejo, serían: «Decid la verdad». Si pudiera añadir tres más, serían: «Por siempre jamás». Mis padres me enseñaron que una persona vale lo que vale su palabra; no hay mejor modo de explicarlo.

La sinceridad no solo está bien desde el punto de vista moral, sino que además es eficiente. En una cultura donde todo el mundo dijera la verdad, se ahorraría mucho tiempo en comprobaciones. Cuando enseñé en la Universidad de Virginia adoraba el código de honor. Si un estudiante estaba enfermo y necesitaba un examen de recuperación, yo no tenía que confeccionar uno nuevo. Los estudiantes sencillamente prometían que no habían comentado con nadie el contenido del examen y podía ponerle el mismo.

La gente miente por múltiples razones, a menudo porque parece un medio para conseguir lo que quieren con menos esfuerzo. Pero como tantas otras estrategias a corto plazo, a la larga no resulta efectiva. Después vuelves a encontrarte con la gente y se acuerdan de que les mentiste. Y se lo cuentan a otros. Es lo que más me sorprende de la mentira. La mayoría de los que han mentido creen que nadie se dio cuenta... cuando ocurre justo lo contrario.

49
Conectad con los lápices de colores

La gente que me conoce a veces se queja de que veo las cosas blancas o negras.

De hecho, hay un colega que suele decir de mí: «Si necesitas un consejo blanco o negro, acude a Randy. Pero si lo que quieres es un consejo gris, no es tu hombre».

Vale. Me declaro culpable de los cargos, en especial cuando era más joven. Solía decir que mi caja de lápices de cera solo contenía dos colores: el blanco y el negro. Supongo que por eso me gustan las ciencias informáticas, porque en ellas casi todo es verdadero o falso.

No obstante, a medida que me he ido haciendo mayor, he aprendido a apreciar que un buen estuche de lápices de cera puede contener más de dos colores. Pero sigo pensando que si encauzas bien tu vida, gastarás antes el negro y el blanco que los otros colores más matizados.

En cualquier caso, con independencia del color, me encantan los lápices de cera.

A mi última clase magistral me llevé varios cientos. Quería que todo el mundo recibiera uno al entrar en el salón de actos, pero con las prisas se me olvidó indicarles a los encargados de la entrada que los repartieran. Una lástima. Mi plan era el siguiente: mientras yo hablase de mis sueños de infancia, les pediría a los asistentes que cerraran los ojos y frotaran el lápiz entre los dedos para notar la textura, el papel, la cera. Luego les pediría que se lo acercaran a la nariz y lo olieran. El olor a cera te devuelve a la infancia, ¿verdad?

Una vez vi a un colega llevar a cabo un experimento similar con un grupo de gente y ceras y me sirvió de inspiración. De hecho, desde aquel día acostumbro a llevar un lápiz de cera en el bolsillo de la camisa. Cuando necesito retroceder en el tiempo, me lo pongo bajo la nariz e inspiro.

Yo prefiero un lápiz negro o uno blanco, pero es algo personal. Todos los colores poseen idéntica potencia. Respiradlos y veréis.

50
El pimentero de 100.000 dólares

Cuando tenía doce años y mi hermana catorce, fuimos con la familia a Disney World, en Orlando. Nuestros padres supusieron que ya teníamos edad para vagar por el parque a nuestras anchas. En aquella época previa a los teléfonos móviles, nuestros padres nos aconsejaron que tuviéramos cuidado, eligieron un punto de reunión para noventa minutos más tarde y luego nos dejaron marchar.

¡Imaginad qué emoción! Estábamos en el sitio más chulo del mundo y teníamos libertad para explorarlo solos. Además, les agradecíamos muchísimo a nuestros padres que nos hubieran llevado a Disney World y nos consideraran lo bastante maduros para visitarlo por nuestra cuenta. De modo que decidimos demostrarles nuestra gratitud comprándoles un regalo con la asignación de los dos.

Entramos en una tienda y encontramos el regalo perfecto: un juego de salero y pimentero de cerámica en forma de dos osos colgados de un árbol, cada uno de los cuales sostenía uno de los frascos. Pagamos diez dólares por él, salimos de la tienda y nos saltamos Main Street directos a la siguiente atracción.

Yo llevaba el regalo y, en un instante aciago, se me escurrió de entre las manos. Se rompió contra el suelo. Mi hermana y yo nos echamos a llorar.

Una visitante adulta del parque vio lo ocurrió y se nos acercó.

—Devolvedlo a la tienda —nos propuso—. Seguro que os lo cambian por uno nuevo.

—No puedo hacerlo —dije—. Ha sido culpa mía. Se me ha caído. ¿Por qué iban a darme otro los de la tienda?

—Probadlo de todos modos —insistió la mujer—. Nunca se sabe.

De modo que regresamos a la tienda... y no mentimos. Explicamos lo ocurrido. Los empleados de la tienda escucharon nuestra triste historia, nos sonrieron... y nos ofrecieron un juego nuevo de salero y pimentero. ¡Dijeron incluso que había sido culpa suya por no haber envuelto bien el regalo! Su mensaje era: «Nuestro envoltorio debería haber soportado una caída originada por la emoción de un niño de doce años».

Me quedé de piedra. No solo por agradecimiento, sino también por incredulidad. Mi hermana y yo salimos de la tienda totalmente alelados.

Cuando mis padres se enteraron del incidente, su opinión de Disney World creció varios enteros. De hecho, aquella decisión de atender al cliente a propósito de un pimentero de diez dólares acabó reportándole a Disney más de cien mil.

Me explicaré.

Años después, como asesor de Disney Imagineering, a veces terminaba charlando con ejecutivos con cargos bastante altos en la cadena de mando de Disney y siempre que podía aprovechaba para contarles la anécdota del salero y el pimentero.

Les contaba que los dependientes de aquella tienda de regalos habían conseguido que mi hermana y yo adorásemos a Disney y que mis padres tuvieran en mucho mejor concepto la institución en general.

Mis padres convirtieron las visitas a Disney en parte esencial de su trabajo de voluntarios. Tenían un autocar para veintidós pasajeros que utilizaban para visitar el parque con estudiantes de Maryland que estaban aprendiendo inglés. Durante más de veinte años, mi padre compró entradas para que docenas de críos conocieran Disney World. Yo les acompañé en la mayoría de viajes.

Cuando cuento esta historia a los ejecutivos de Disney, siempre la termino preguntándoles: «Si hoy enviase a un niño a una de vuestras tiendas con un pimentero roto, ¿las políticas de la empresa permitirían a los empleados tener la amabilidad de cambiárselo?».

La pregunta les incomoda. Conocen la respuesta: probablemente no.

Eso pasa porque su sistema contable no es capaz de reflejar cómo un pimentero de diez dólares puede acabar generando 100.000 dólares. Y por tanto no cuesta nada imaginar que hoy en día el niño no tendría suerte y saldría de la tienda con las manos vacías.

Mi mensaje es el siguiente: hay más de un modo de medir los beneficios y las pérdidas. En todos sus niveles, las instituciones pueden y deben tener corazón.

Mi madre todavía conserva aquel juego de salero y pimentero de 100.000 dólares. El día que los dependientes de Disney World nos lo cambiaron fue un gran día para nosotros... y para Disney ¡tampoco estuvo mal!

51
Ningún trabajo os queda pequeño

Ya ha sido ampliamente demostrado que los jóvenes de hoy cada vez se sienten con más derechos. Yo, desde luego, he podido comprobarlo en mis clases.

Muchos de los alumnos de último curso de posgrado creen que deberían ser contratados por su brillantez creativa. Muy pocos se contentan con empezar por abajo.

Mi consejo siempre ha sido el mismo: «Debería emocionaros conseguir un trabajo aunque fuera de encargados del correo. Una vez allí, lo que tenéis que hacer es clasificar el correo de maravilla».

Nadie quiere escuchar a una persona decir: «No se me da bien clasificar el correo porque este trabajo me queda pequeño». Ningún trabajo debería quedaros pequeño. Además, si no sabéis —o no queréis— clasificar el correo, ¿qué demuestra que podríais hacer cualquier cosa?

Cuando las empresas ofrecían a los estudiantes del ETC un primer contrato de trabajo o de prácticas solíamos solicitar que nos informaran acerca de sus progresos. Sus jefes casi nunca tenían nada malo que decir de sus cualidades o destrezas técnicas.

Pero cuando nos llegaban opiniones negativas, casi siempre tenían que ver con los aires de superioridad de los nuevos empleados. O con que ya andaban echándole el ojo a los mejores puestos.

Cuando yo tenía quince años trabajé cultivando fresas en un huerto donde la mayoría de los compañeros eran temporeros. También trabajaban conmigo un par de profesores que se sacaban algo de dinero extra para el verano. Le comenté a mi padre que los profesores estaban demasiado preparados para un trabajo así. (Supongo que el comentario implicaba que también yo me consideraba demasiado bueno para aquel trabajo.) Me echó la bronca del siglo. Para mi padre nadie era demasiado bueno para el trabajo manual. Me aseguró que preferiría verme trabajar duro y convertirme en el mejor del mundo abriendo zanjas que repantigado detrás de una mesa como un elitista satisfecho de sí mismo.

Volví al huerto de fresas y el trabajo siguió sin gustarme. Pero había escuchado a mi padre. Cambié de actitud y me esforcé un poco más con la azada.

52
Hay que saber dónde se está

«A ver, profesorcillo, ¿qué puedes ofrecernos?»

Así me dio la bienvenida Mk Haley, un diseñador de Disney de veintisiete años al que encargaron que cuidara de mí durante el período sabático que pasé en la empresa.

Había llegado a un lugar donde mis credenciales académicas carecían de valor. Me había convertido en un viajante por tierras extrañas que necesitaba conseguir —¡y rápido!— moneda local.

Durante años les he hablado a mis estudiantes de esa experiencia porque significó una lección vital para mí.

Aunque había alcanzado mi sueño infantil de diseñar para Disney, había pasado de ocupar el puesto de cabeza en un laboratorio de investigación académica a ser el último mono de la selva. Tenía que encontrar la manera de encajar mi estilo en aquella cultura creativa que solo tenía en consideración el éxito o el fracaso absolutos.

Trabajé en la atracción de realidad virtual de Aladino que estaban probando en Epcot. Me sumé a los diseñadores que entrevistaban a los visitantes para saber si les había gustado. ¿La atracción les mareaba, les desorientaba o incluso les provocaba náuseas?

Algunos de mis nuevos compañeros de trabajo se quejaron de que aplicaba valores académicos que no podían funcionar en el mundo real. Opinaban que me centraba demasiado en estudiar minuciosamente los datos, insistía demasiado en un enfoque científico de las cosas en lugar de emocional. Nos enfrentábamos la academia a ultranza (yo) contra la industria del entretenimiento más radical (ellos). Aunque al final, cuando se me ocurrió la manera de ahorrar veinte segundos por visitante cargando la atracción de otro modo, me gané un poco del respeto de aquellos diseñadores entre los que tantas dudas despertaba.

La razón por la que cuento esta anécdota es la de hacer hincapié en la sensibilidad que hay que demostrar al pasar de una cultura a otra; en el caso de mis estudiantes: al pasar de la universidad al primer trabajo.

Con todo, cuando concluyó el período sabático, Imagineering me ofreció trabajo a jornada completa. Pero tras arduas deliberaciones, rechacé la oferta. La docencia me tiraba demasiado. Pero como había encontrado la manera de desenvolverme tanto en el mundo académico como en la industria del ocio, Disney no quiso perderme la pista. Me convertí en asesor semanal de Imagineering, puesto que he ejercido muy contento durante diez años.

Si se sabe mantener el equilibrio viviendo en dos culturas, a veces se disfruta de lo mejor de ambos mundos.

53

No os rindáis jamás

Cuando estaba en el último año del instituto, solicité el ingreso en la Brown University pero no lo conseguí. Me quedé en la lista de espera. Llamé a la oficina de admisiones hasta que terminó por decidir que podía aceptarme. Vieron cuánto deseaba ingresar. La tenacidad me permitió sortear ese muro.

Cuando me licencié por Brown, ni en un millón de años se me habría ocurrido estudiar un posgrado. La gente de mi familia recibía una educación y luego se ponía a trabajar. No seguían estudiando.

Pero Andy van Dam, mi «tío holandés» y mentor en Brown, me aconsejó:

—Estudia un doctorado. Trabaja de profesor en la universidad.

—¿Y por qué debería hacerlo? —le pregunté.

—Porque eres un gran vendedor y si entras en una empresa te usarán para eso, para vender. Y puestos a ser vendedor, podrías vender algo que valga la pena, como educación, por ejemplo.

Le agradezco el consejo.

Andy me recomendó que solicitara el ingreso en Carnegie Mellon, adonde había mandado una larga ristra de sus mejores alumnos. Me garantizó que entraría sin problemas. Me escribió una carta de recomendación.

En Carnegie Mellon leyeron la elogiosa carta de Andy. Consultaron mis notas, aceptables, y mi mediocre resultado en el examen de graduación. Revisaron mi solicitud.

Y la denegaron.

Me aceptaron en otros programas de doctorado, pero Carnegie Mellon no me quería en sus filas. De modo que me planté en el despacho de Andy y tiré la carta del rechazo sobre la mesa.

—Para que sepas cuánto valoran en Carnegie Mellon tus recomendaciones —le dije.

A los pocos segundos de aterrizar la carta sobre la mesa, Andy descolgó el teléfono.

—Esto lo arreglo yo enseguida. Entrarás —me dijo.

Pero le detuve.

—Así no quiero.

De modo que hicimos un trato. Yo visitaría los centros que me habían aceptado. Si no me sentía cómodo en ninguno de ellos, volvería al despacho de Andy y hablaríamos.

Los otros centros se encontraban en tan malas condiciones que enseguida volví a recurrir a Andy. Le informé de que había decidido no estudiar un posgrado y que tenía previsto buscar trabajo.

—No, no, no —repuso—. Te sacarás el doctorado y lo harás en Carnegie Mellon.

Levantó el auricular y telefoneó a Nico Habermann, jefe del departamento de ciencias informáticas de Carnegie Mellon y que, por casualidad, también era holandés. Así que charlaron un rato en holandés sobre mi caso y luego colgaron y Andy me dijo que tenía que estar en el despacho de Nico Habermann a las ocho de la mañana del día siguiente.

Nico imponía: era un profesor universitario estilo europeo de la vieja escuela. Resultaba evidente que la única razón por la que se reunía conmigo era por hacerle un favor a su amigo Andy. Me preguntó por qué deberían replantearse aceptar mi solicitud de ingreso dado que el departamento ya la había evaluado. Con gran cautela, respondí:

—Desde entonces he conseguido una beca de la Oficina de Investigaciones Navales.

—El dinero no es uno de los criterios de admisión —repuso él con gravedad—. Financiamos a nuestros estudiantes con becas para la investigación. —Y me miró fijamente. Más exactamente, me atravesó con la mirada.

En la vida de una persona hay un puñado de momentos clave. Puedes considerarte afortunado si, pasado el tiempo, sabes reconocerlos.

—Perdón, no quería dar a entender que fuese una cuestión de dinero —contesté con toda la deferencia de la que fui capaz como el joven arrogante que era entonces—. Ocurre que solo conceden quince becas así en todo el país y por tanto me ha parecido un honor que podría ser relevante. Pido disculpas si ha sonado presuntuoso.

Era la única respuesta que tenía y la verdad. Despacio, muy despacio, la expresión pétrea de Nico se relajó y estuvimos charlando unos minutos más.

Tras reunirme con varios profesores más, acabé ingresando en Carnegie Mellon y me doctoré. Aquel muro lo había saltado con un fuerte empujón de mi mentor y un poco de humillación sincera.

Hasta que subí al escenario para dar mi última clase magistral, nunca les había contado a los estudiantes ni a los colegas de Carnegie Mellon que habían rechazado mi solicitud de admisión. ¿De qué tenía miedo? ¿De que no me consideraran lo bastante inteligente para merecer su compañía? ¿De que me tomaran menos en serio?

Es interesante los secretos que uno decide revelar al final de su vida.

Debería haberme pasado años contado la anécdota de mi admisión porque tiene una moraleja: si deseas algo lo suficiente, no te rindas nunca (y acepta un empujoncito si te lo ofrecen).

Los muros existen por algo. Y una vez los superas —incluso cuando alguien tiene casi que lanzarte literalmente al otro lado— puedes ayudar a otros contándoles cómo lo has logrado.

54
Sed comunalistas

En Estados Unidos hemos insistido mucho en la idea de los derechos de la gente. Así debe ser, pero no tiene sentido hablar de derechos sin mencionar también las responsabilidades que conllevan.

Los derechos tienen que nacer de algún sitio, y ese sitio es la comunidad. A cambio, todos nosotros tenemos una responsabilidad para con la comunidad. Algunos lo llaman «el movimiento comunalista», pero para mí se trata de simple sentido común.

Es una idea que muchos hemos perdido y que, como he presenciado a lo largo de veinte años de docencia, cada vez entienden menos estudiantes. Para ellos la noción de que los derechos conllevan responsabilidades les resulta, literalmente, ajena.

A principio del semestre solía pedirles a mis alumnos que firmaran un acuerdo en el que se especificaban derechos y obligaciones. Debían comprometerse a trabajar en equipo con espíritu constructivo, a asistir a determinadas reuniones, a ayudar a los compañeros valorándolos sinceramente. A cambio, tenían el derecho de asistir a clase, mostrar su trabajo y que los demás lo criticaran.

Algunos estudiantes rehusaban el contrato. Creo que porque los adultos no siempre damos buen ejemplo de cómo vivir en comunidad. Por ejemplo: todos nos creemos con derecho a un juicio con jurado. Y sin embargo, mucha gente se toma muchas molestias para eludir su deber de pertenecer a un jurado.

Por tanto yo quería que mis alumnos supieran que todos debemos contribuir al bien común. No hacerlo solo puede describirse con una palabra: egoísmo.

Mi padre nos lo enseñó con su ejemplo, pero también buscó formas originales de enseñárselo a otros. Cuando ocupó la presidencia de la liga de béisbol infantil hizo algo muy inteligente.

Había tenido problemas para conseguir árbitros voluntarios. Era un trabajo desagradecido, en parte porque cada vez que señalas un *strike* o una bola mala, algún niño o padre tiene clarísimo que te has equivocado. También influía el tema del miedo: el árbitro tiene que plantarse entre niños que batean y le lanzan pelotas con escaso o nulo control.

En fin, que a mi padre se le ocurrió una idea. En lugar de buscar adultos voluntarios, hizo que los jugadores de las divisiones de mayor edad arbitraran los partidos de los más pequeños. Además, convirtió en un honor ser seleccionado como árbitro.

De lo que se derivaron diversos resultados.

Los niños que hacían de árbitro entendían la dureza del oficio y casi nunca volvían a discutirse con los árbitros. Además, se enorgullecían de echar una mano a los chavales de las divisiones inferiores. Por su parte, los niños más pequeños veían el ejemplo de los mayores, que arbitraban de manera voluntaria.

Mi padre habría creado un nuevo movimiento comunalista. Sabía que conectar con los demás nos hace mejores personas.

55
Basta con preguntar

La última vez que mi padre visitó Disney World estábamos esperando el monorraíl con Dylan, que tenía cuatro años, cuando a mi hijo le entraron unas ganas incontrolables de sentarse en el morro del vehículo junto al conductor. Mi padre, entusiasta de los parques temáticos, convino en que sería una gozada.

—Que lástima que los visitantes no podamos sentarnos ahí —se lamentó.

—Hum. Pues la verdad, papá, como trabajé en Imagineering conozco el truco para subirte delante. ¿Quieres verlo?

Por supuesto que quería.

De modo que nos acercamos al sonriente empleado del monorraíl y le pregunté:

—Perdone, ¿podríamos subirnos al vagón de cabeza?

—Cómo no, caballero —contestó. Abrió la portezuela y nos sentamos al lado del conductor.

Fue una de las pocas veces en la vida en que he visto a mi padre completamente estupefacto.

—Te he dicho que tenía truco —le recordé mientras acele-

Bastaba con preguntar.

rábamos en dirección al Reino Mágico—. No que fuera complicado.

A veces, basta con pedir las cosas.

Yo siempre he sido bastante dado a pedir cosas. De hecho, me enorgullezco del día que me armé de valor y contacté con Fred Brooks junior, uno de los científicos informáticos más prestigiosos del mundo. Tras iniciar su carrera en IBM durante la década de los cincuenta, fundó el departamento de ciencias informáticas de la Universidad de Carolina del Norte. Brooks es famoso en la industria por decir, entre otras muchas cosas, lo siguiente: «Añadir mano de obra a un proyecto de software que está retrasado, solo lo retrasará aún más». (Lo que se conoce como Ley de Brooks.)

Yo estaba a punto de cumplir los treinta años y todavía no había conocido a aquel hombre, de modo que le envié un correo electrónico: «Si voy en coche desde Virginia a Carolina del Norte, ¿me concedería treinta minutos de su tiempo para charlar con usted?».

Me respondió: «Si conduce hasta aquí, le concederé más de treinta minutos».

Me concedió noventa minutos y se convirtió en uno de los mentores de mi vida. Al cabo de unos años, me invitó a dar una conferencia en la Universidad de Carolina del Norte. Aquel viaje me condujo al momento más fundamental de mi vida: conocí a Jai.

A veces, basta con pedirlo y todos tus sueños se hacen realidad.

En la actualidad, visto el poco camino que me queda por recorrer, hasta he mejorado a la hora de pedir cosas. Todos sabemos que a veces tardan días en darte los resultados de las pruebas médicas. Y, la verdad, últimamente no me apetece pasar el rato esperando resultados médicos. De manera que me limito a preguntar:

—¿Cuándo es lo antes que podría tener los resultados?

—Bueno —me contestan a menudo—. Podríamos intentar conseguirlos para dentro de una hora.

—De acuerdo... ¡Me alegro de haber preguntado!

Preguntad. Solo preguntad. Más a menudo de lo que imagináis, la respuesta será afirmativa.

56
Decidid: Tigger o Igor

Cuando le comuniqué a Jared Cohon, rector de Carnegie Mellon, que daría una última clase magistral, me pidió que por favor hablara de pasarlo bien, porque él me recordaría precisamente por eso.

Le contesté: «Puedo hacerlo, pero es un poco como pedirle a un pez que hable sobre la importancia del agua».

Es decir, yo no sé no divertirme. Me estoy muriendo y me lo paso bien. Y pienso seguir divirtiéndome todos los días que me queden. Porque no hay otro modo.

Lo descubrí en una fase muy temprana de la vida. A mi entender, hay una decisión que todos debemos tomar y que reflejan perfectamente los personajes de Winnie the Pooh creados por A. A. Milne. Cada uno de nosotros debe decidir: ¿soy un amante de la diversión como Tigger o un tristón como Igor? Elegid bando. Creo que resulta evidente de parte de quién estoy en el gran debate entre Tigger e Igor.

En el último Halloween lo pasé de miedo. Jai y yo nos disfrazamos de Los Increíbles, igual que nuestros tres hijos. Colgué una fotografía nuestra en mi página web para que todo el mun-

La quimio no ha afectado drásticamente a mis superpoderes.

do supiera lo increíble que es mi familia. Los niños estaban geniales. Y yo parecía invencible en mis músculos falsos de dibujo animado. Expliqué además que la quimioterapia no había afectado a mis superpoderes y recibí montones de e-mails divertidos.

Hace poco me he tomado unas breves vacaciones para bucear con tres de mis mejores amigos: mi amigo del instituto, Jack Sheriff; mi compañero de cuarto en la universidad, Scott Sherman; y mi viejo amigo de Electronic Arts, Steve Seabolt. Los tres éramos conscientes del subtexto: amigos de diferentes épocas de mi vida se reunían para regalarme un fin de semana de despedida.

Mis amigos no se conocían demasiado bien entre ellos, pero rápidamente crearon lazos muy fuertes. Todos somos ya hombres adultos, pero durante casi todo el fin de semana nos comportamos como si tuviéramos trece años. Y todos éramos Tigger.

Conseguimos evitar conversaciones demasiado emotivas relacionadas con el cáncer. Simplemente nos divertimos. Rememoramos los viejos tiempos, armamos jaleo y nos reímos unos de otros. (En realidad, básicamente ellos se reían de mí por la reputación de san Randy de Pittsburgh que me he ganado desde que di la última clase. Mis amigos me conocen y no se creían ni la mitad.)

No pienso perder mi Tigger interior. Sencillamente no veo las ventajas de convertirse en un Igor. Una vez me preguntaron qué quería de epitafio. Contesté: «Randy Pausch: sobrevivió treinta años a un diagnóstico terminal».

Os lo prometo. Me divertiría mucho en esos treinta años. Pero si no puede ser, tendré que divertirme en el tiempo que me quede.

57
Una manera de entender el optimismo

Cuando me enteré de que tenía cáncer, uno de mis médicos me aconsejó: «Es muy importante que se comporte como si fuera a seguir por aquí una temporada».

Me había adelantado a él:

—Doctor, acabo de comprarme un descapotable nuevo y hacerme la vasectomía. ¿Qué más quiere que haga?

A ver, no niego la realidad de mi situación. Mantengo un sentido muy lúcido de lo inevitable. Vivo como si me estuviera muriendo. Pero al mismo tiempo, vivo como si todavía estuviera viviendo.

Algunos centros oncológicos programan consultas para al cabo de seis meses. Para los pacientes, es un indicio optimista de que los médicos confían en que seguirán vivos. Son enfermos terminales que miran las visitas programadas en las agendas y se dicen: «Aguantaré hasta ese día. Y cuando llegue, recibiré buenas noticias».

Herbert Zeh, mi cirujano de Pittsburgh, dice que le preocupan los pacientes desaforadamente optimistas o los mal informados. Al mismo tiempo, se inquieta cuando amigos y familiares les piden a los pacientes que mantengan el optimismo porque si no los tratamientos no funcionarán. Le duele ver a pacientes que pasan un día difícil y dan por hecho que se debe a que no son lo bastante optimistas.

Mi opinión personal acerca del optimismo es que consiste en un estado mental, puede ayudarte a realizar cosas tangibles para mejorar tu condición física. Si eres optimista, serás más capaz de aguantar la brutalidad de la quimioterapia o seguir buscando tratamientos de última generación.

El doctor Zeh me considera su chico anuncio sobre «el sano equilibrio entre optimismo y realismo». Ve cómo intento aceptar el cáncer como otra experiencia vital más.

Pero me encanta que mi vasectomía pueda entenderse tanto como un método de control de la natalidad como un gesto optimista hacia el futuro. Me encanta conducir mi descapotable nuevo. Me encanta pensar que podría dar con la manera de convertirme en ese tío entre un millón que vence un cáncer en fase terminal. Porque incluso si no lo consigo, esa mentalidad me ayuda a vivir el día a día.

58
La aportación de otros

Desde que mi última conferencia empezó a correr por internet, he tenido noticias de mucha gente que he ido conociendo a lo largo de los años: desde vecinos de infancia a conocidos de hace años. Y les agradezco sus palabras de aliento y consuelo.

Ha sido una delicia leer notas de ex alumnos y colegas. Un compañero de trabajo me recordó un consejo que le di cuando él todavía no había conseguido plaza fija en la universidad. Por lo visto le advertí de que prestara atención a todos y cada uno de los comentarios de los titulares de departamento. (Me recuerda diciéndole: «Cuando uno de ellos te diga como por casualidad que tal vez deberías hacer algo en concreto, imagínate a una res dando una coz».) Un ex alumno me contó por correo electrónico que le había servido de inspiración para crear una nueva página web de desarrollo personal llamada «No fastidies y vive una vida de abundancia», pensada para ayudar a gente que vive muy por debajo de su potencial. Sonaba más o menos a mi filosofía vital, aunque desde luego expresada con otras palabras.

Y solo para no perder la perspectiva, desde el departamento de «Algunas cosas no cambian nunca», un amor no correspondido del instituto me escribió para transmitirme sus buenos deseos y recordarme muy amablemente que en aquella época era demasiado pardillo para ella (además de dejar caer que se había casado con un «doctor» de los de verdad).

Pero en serio, me han escrito miles de desconocidos cuyo aliento me ha ayudado a mantenerme a flote. Muchos han compartido conmigo consejos acerca de cómo ellos o sus seres queridos se habían enfrentado a las cuestiones relacionadas con la muerte.

Una mujer que había perdido a su marido de cuarenta y ocho años de edad por culpa de un cáncer pancreático me contó que a la «última lección» de su marido acudió un público selecto: ella, sus hijos, sus padres y sus hermanos. Su marido les agradeció su amor y sus consejos, rememoró lugares que habían visitado juntos y les contó lo que más le había importado en la vida. La mujer me explicó que para la familia había sido fundamental la ayuda de un asesor para superar la muerte de su marido: «Con lo que ahora sé, puedo decirle que la señora Pausch y sus hijos necesitarán hablar, llorar y recordar».

Otra mujer, cuyo marido había muerto de un tumor cerebral cuando sus hijos tenían tres y ocho años, me confió algunas experiencias que podía transmitirle a Jai. «Una sobrevive a cosas inimaginables —me escribió—. Sus hijos serán una gran fuente de consuelo y amor y la mejor razón para levantarse cada mañana y sonreír.»

Continuaba así: «Acepte cualquier ayuda que le ofrezcan mientras Randy siga vivo, así podrá disfrutar de más tiempo con él. Acepte cualquier ayuda que le ofrezcan cuando Randy ya no esté, así podrá reservar fuerzas para lo más importante. Reúnase con gente que haya sufrido una pérdida similar. Les servirán de consuelo a usted y a sus hijos». La mujer sugería que Jai debía tranquilizar a nuestros hijos a medida que crecieran asegurándoles que iban a disfrutar de una vida normal. Que habrá graduaciones, bodas, hijos. «Cuando uno de los progenitores muere tan pronto, algunos niños creen que tal vez tampoco disfruten de otros acontecimientos normales del ciclo de la vida.»

Me escribió también un hombre de cuarenta y pocos años con problemas graves de corazón. Me habló de Krishnamurti, un líder espiritual de la India que murió en 1986. A Krishnamurti una vez le preguntaron qué debía decírsele a un amigo que estaba a punto de morir. Contestó: «Dile a tu amigo que al morir él, una parte de ti se irá con él. Adonde quiera que él vaya, tú irás con él. Nunca estará solo». En su correo electrónico, el hombre me tranquilizaba diciéndome: «Sé que no está solo».

También me han conmovido comentarios y buenos deseos de algunas personas famosas que se han puesto en contacto conmigo a raíz de la última lección. Por ejemplo, la presentadora de televisión Diane Sawyer me entrevistó y, fuera de cámara, me ayudó a pensar con más claridad en las piedras de toque que voy a dejarles a mis hijos. Me dio un consejo fantástico. Yo ya pensaba dejarles cartas y vídeos a mis hijos. Pero ella me contó que lo crucial es contarles la manera específica y típica en que nos relacionábamos. Así que he estado pensándolo mucho. He decidido contarles a mis hijos cosas del estilo: «Me encanta el modo en que echas la cabeza un poquito atrás al reír». Les dejaré detalles específicos a los que aferrarse.

Y la doctora Reiss, la consejera a la que acudo con Jai, me ha ayudado a encontrar estrategias para no perderme en la tensión de los escáneres periódicos que exige el cáncer y de ese modo poder concentrarme en la familia de corazón, con un enfoque positivo y casi con total atención. Durante prácticamente toda mi vida he dudado de la efectividad de esta clase de especialistas. Ahora que me encuentro contra la pared, me doy cuenta de lo mucho que pueden ayudarnos. Ojalá pudiera recorrer todas las salas de espera de oncología explicándoselo a los pacientes que intentan resistir solos.

Muchísimas personas me han escrito sobre cuestiones relacionadas con la fe. También aprecio sus comentarios y oraciones.

A mí me criaron unos padres que consideraban la fe algo muy personal. No saqué a relucir mi religión en mi última conferencia porque quería hablar de principios universales aplicables a cualquier fe, compartir cosas que había aprendido relacionándome con la gente.

Algunas de esas relaciones, claro está, han nacido en la iglesia. M. R. Kelsey, por ejemplo, una mujer de nuestra iglesia, me acompañó durante once días seguidos en el hospital después de la operación. Y desde que me diagnosticaron, el pastor me ha sido de gran ayuda. En Pittsburgh, vamos a la misma piscina y al día siguiente de enterarme de que mi estado era terminal, los dos coincidimos en las instalaciones. Él estaba sentado junto a la piscina cuando fui a subir al trampolín. Le saludé con un guiño y luego salté dando una voltereta.

Cuando llegué al borde de la piscina, me dijo:

—Pareces la viva estampa de la buena salud, Randy.

—Es una disonancia cognitiva. Me encuentro bien y tengo

un aspecto estupendo, pero ayer nos comunicaron que el cáncer ha vuelto y según los médicos solo me quedan entre tres y seis meses.

Desde entonces los dos hemos hablado sobre la mejor manera de prepararme para morir.

—Tienes seguro de vida, ¿no?

—Sí, está todo arreglado.

—Bueno, también necesitas un seguro emocional —me dijo. Y acto seguido me explicó que las primas del seguro emocional se pagan con tiempo, no con dinero.

A tal fin, me dijo que necesitaba dedicar varias horas a grabar vídeos de mis hijos conmigo para que tuvieran un recuerdo de nuestros juegos y risas. En los años por venir, mis hijos podrán ver la relajación con la que nos tocábamos y nos relacionábamos. También compartió conmigo ideas acerca de cosas concretas que podía hacer para dejarle a Jai un recuerdo de nuestro amor.

—Si pagas las primas del seguro emocional ahora, mientras todavía te encuentras bien, los meses que te quedan te sentirás más libre. Más en paz.

Mis amigos. Mis seres queridos. Mi pastor. Completos desconocidos. Cada día recibo aportaciones de gente que me anima y me desea lo mejor. De verdad que he conocido ejemplos de lo mejor del ser humano y lo agradezco muchísimo. Nunca me he sentido solo en este camino que me ha tocado recorrer.

VI

OBSERVACIONES FINALES

59
Sueños para mis hijos

Hay un sinfín de cosas que quisiera contarles a mis hijos, pero todavía son demasiado jóvenes para comprenderlas. Dylan acaba de cumplir seis años. Logan tiene tres. Chloe tiene solo dieciocho meses. Quiero que mis hijos sepan quién soy, las cosas en las que siempre he creído y todos los sentidos en que los quiero. Dada la edad que tienen, gran parte de todo esto quedaría fuera de su comprensión.

Desearía que pudieran entender hasta qué punto no quiero dejarlos.

Jai y yo ni siquiera les hemos dicho que me estoy muriendo. Nos han aconsejado que esperemos hasta que los síntomas se hagan más evidentes. Por ahora, pese a que me queden solo unos meses de vida, mantengo un aspecto saludable. De modo que mis hijos ignoran que cada encuentro con ellos es una despedida.

Me duele pensar que cuando sean mayores no tendrán padre. Cuando lloro en la ducha no acostumbro a pensar en las cosas que no les veré hacer. Pienso en que los niños no tendrán padre. Me centro más en lo que van a perder ellos que en lo que yo me perderé. Sí, un porcentaje de mi tristeza responde al futuro que no disfrutaré. Pero una parte mayor de mis penas es por ellos. No dejo de pensar en lo que no tendrán ni harán. Y eso, cuando no consigo reprimirme, me destroza por dentro.

Sé que tendrán recuerdos vagos de mí. Por eso intento compartir con ellos cosas imposibles de olvidar. Quiero que me recuerden con la máxima nitidez posible. Por ejemplo, me fui con Dylan de vacaciones para nadar con los delfines. No creo que un niño olvide fácilmente que estuvo nadando entre delfines. Sacamos un montón de fotografías.

Voy a llevar a Logan a Disney World, un lugar que sé que le entusiasmará tanto como a mí. Le gustaría conocer al ratón Mickey. Yo le conozco, así que me encargaré de las presentaciones. Jai y yo también llevaremos a Dylan, puesto que parece que las experiencias de Logan no son completas si no las comparte con su hermano mayor.

Fabricando recuerdos con Dylan.

Logan, todo un Tigger.

Cada noche a la hora de acostarse, cuando le pido a Logan que me cuente lo mejor del día, me contesta: «Jugar con Dylan». Cuando le pregunto por lo peor de ese mismo día, también responde: «Jugar con Dylan». Baste con decir que se quieren como deben quererse los hermanos.

Soy consciente de que Chloe no me recordará en absoluto. Es demasiado pequeña. Pero quiero que crezca sabiendo que fui el primer hombre que se enamoró de ella. Siempre me había parecido que se exageraba el cuento ese de las relaciones padre/hija. Pero ahora puedo afirmar que es pura realidad. A veces me derrite con solo una mirada.

Jai podrá contarles muchas cosas de mí cuando sean mayores. Podrá hablarles de mi optimismo, de mi pasión por divertirme, los elevados principios por los que he intentado regir mi vida. Podrá contarles con diplomacia las cosas que me hacen exasperante; mi enfoque excesivamente analítico de la vida, mi manía de insistir (demasiado a menudo) en que yo sé hacer las cosas mejor. Pero Jai es pudorosa, mucho más que yo, y tal vez no les cuente a los niños lo siguiente: que en nuestro matrimonio tuvo un hombre que la quería desde lo más profundo del corazón. Y no les hablará de todos los sacrificios que hizo su madre. El cuidado de tres hijos consume a cualquier madre. Añadidle un marido enfermo de cáncer y el resultado será una mujer constantemente ocupada en las necesidades de los demás en lugar de las suyas. Quiero que mis hijos sepan la generosidad con que Jai cuida de todos nosotros.

Últimamente me ha parecido importante hablar con personas que perdieron a sus padres siendo muy jóvenes. Quiero saber qué les ayudó a superar las épocas difíciles y qué recuerdos han sido más significativos para ellos.

Me han contado que les sirvió de consuelo saber lo mucho que les querían sus padres y madres. Cuanto más sabían, más podían seguir sintiendo ese cariño.

También querían razones para enorgullecerse; querían creer que sus padres habían sido personas extraordinarias. Algunos buscaban datos concretos sobre los logros de sus padres. Otros preferían construir mitos. Pero todos ansiaban conocer qué hacía a sus padres especiales.

Esas personas me han contado algo más. Me han explicado que, como conservaban pocos recuerdos de sus padres, les tranquilizaba saber que murieron teniendo recuerdos estupendos de sus hijos.

Por eso quiero que mis hijos sepan que tengo la cabeza llena de recuerdos de ellos.

Empecemos por Dylan. Admiro lo empático y cariñoso que es. Si otro niño se hace daño, Dylan le lleva un juguete o una manta.

Otro rasgo que veo en Dylan es que, como su padre, es analítico. Ya ha descubierto que las preguntas importan más que las respuestas. Muchos niños preguntan sin parar «¿Por qué? ¿Por qué? ¿Por qué?». En casa tenemos una norma que prohíbe las preguntas de una sola palabra. A Dylan le gusta esa norma. Le encanta formular preguntas con oraciones completas y tiene una curiosidad superior a la que le corresponde por edad. Recuerdo a sus profesores de preescolar poniéndolo por las nubes diciéndonos: «Cuando estás con Dylan, te descubres pensando que te gustaría poder ver en qué clase de adulto se convertirá».

Dylan es el rey de la curiosidad. Dondequiera que se encuentre, está mirando a otra parte y pensando: «¡Uy, allí hay algo! Vamos a echarle un vistazo, tocarlo o llevarlo a otro sitio». Junto a una valla de madera blanca, algunos niños cogerán un palo y pasearán por su lado escuchándolo golpear contra los postes. Dylan iría un paso más allá. Utilizaría el palo para arrancar uno de los postes y luego golpearía la valla con el poste porque al ser más grueso suena mejor.

Por su parte, Logan lo convierte todo en una aventura. Cuando nació, se atascó en el canal del parto. Hicieron falta dos médicos con fórceps para traerlo al mundo. Recuerdo a uno de los médicos apoyando un pie en la mesa y estirando con todas sus fuerzas. En un momento dado, el médico se volvió hacia mí y me dijo: «Tengo caballos de tiro y cadenas por si esto no funciona».

Fue una situación difícil para Logan. Había pasado tanto rato apretado en el canal de parto que al nacer no movía los brazos. Nos preocupamos, aunque no por mucho tiempo. En cuanto empezó a moverse, ya no se quedó quieto. Logan es una bola fenomenal de energía positiva, completamente gregario y físico. Cuando sonríe, sonríe con toda la cara; es el máximo ejemplo de Tigger. Además, siempre está dispuesto para cualquier cosa y se hace amigo de todo el mundo. Solo tiene tres años, pero auguro que se convertirá en el presidente de actos sociales de su fraternidad.

Chloe, en cambio, es de lo más niña. Y lo digo con cierto sobrecogimiento porque hasta que ella llegó a mi vida no sabía muy bien qué quería decir eso. En principio estaba programado que naciera por cesárea, pero Jai rompió aguas y al poco de llegar al hospital, la niña, simplemente, resbaló hacia fuera. (La descripción es mía. ¡Jai diría que la expresión «resbalar hacia fuera» solo se le ocurriría a un hombre!) En fin, que para mí coger a Chloe en brazos por primera vez, mirarle su carita de niña, fue, bueno, uno de los momentos más intensos y espirituales de mi vida. Sentí una conexión distinta a la que había experimentado con los niños. Ahora formo parte del Club Cogido Siempre del Dedito de Mi Niña.

Me encanta observar a Chloe. A diferencia de Dylan y Logan, siempre dispuestos a la osadía física, Chloe es prudente, hasta puede que delicada. Hemos colocado una valla de seguridad en lo alto de la escalera, pero en realidad Chloe no la necesita porque concentra todos sus esfuerzos en no hacerse daño. Acostumbrados a dos niños que se lanzan ruidosamente por cualquier escalera sin ningún miedo, para Jai y para mí tanta cautela es una experiencia nueva.

Quiero a mis tres hijos tal como son y de manera diferente. Quiero que sepan que los querré mientras vivan. Lo haré.

Aunque dado el tiempo limitado que me resta, he tenido que pensar en fórmulas para reforzar los vínculos que nos unen. Así que estoy elaborando listas separadas de los recuerdos que guardo de cada uno de ellos. He grabado vídeos para que me vean hablando de lo que significan para mí. Les escribo cartas. También considero el vídeo de mi última lección —y este libro— partes de mí que quedarán aquí para ellos. Tengo incluso un enorme cubo de plástico lleno del correo que recibí durante las semanas siguientes a la conferencia. Puede que algún día los niños quieran echarle un vistazo y confío en que les alegre descubrir tanto a amigos como a desconocidos para los que la charla fue importante.

Como he insistido tanto en el poder de los sueños de infancia, últimamente ha habido quien me pregunta por cuáles son mis sueños en relación a mis hijos.

Tengo una respuesta directa.

Puede resultar muy perjudicial que los padres alberguen sueños específicos en relación a sus hijos. Como profesor, he visto a muchos estudiantes de primero infelices, eligiendo asignaturas que no eran adecuadas para ellos. Sus padres los habían subido a ese tren y, con demasiada frecuencia y a juzgar por los llantos en las horas de tutoría, el tren siempre acababa estrellándose.

A mi modo de ver, la tarea de los padres consiste en animar a los hijos a que cultiven la alegría de vivir y las ganas de perseguir sus propios sueños. Lo mejor que podemos hacer es ayudarlos a desarrollar las herramientas necesarias para conseguirlo.

Por tanto, tengo un sueño muy definido sobre mis hijos: quiero que encuentren su camino hacia la realización personal. Y, puesto que yo no estaré presente, quiero dejar clara una cosa: niños, no intentéis descubrir en qué quería que os convirtierais. Quiero que os convirtáis en lo que queráis convertiros.

Después de haber visto pasar por las aulas a tantos estudiantes, he aprendido que muchos padres no se percatan del poder de sus palabras. Según la edad o la autoestima del hijo, un comentario brusco del padre o de la madre puede tener la potencia de un golpe de buldozer. No estoy seguro de haber hecho bien pronosticando que Logan acabará presidiendo la comisión social de su fraternidad. No quiero que vaya a la universidad creyendo que yo esperaba de él que se uniera a una fraternidad o destacara como líder o lo que sea. Su vida será solo suya. Solo animaría a mis hijos a que encuentren su camino con entusiasmo y pasión. Y quiero que se sientan como si me tuvieran a su lado con independencia del camino que elijan.

60

Jai y yo

Como sabe toda familia que lidie con el cáncer, a menudo se margina a los cuidadores. Los pacientes tienden a centrarse en sí mismos. Son los objetos de adulación y compasión. Los cuidadores cargan con lo más pesado sin disponer casi de tiempo para tratar sus propios dolores o penas.

Mi mujer, por ejemplo, cuida a un enfermo de cáncer y además tiene que atender a tres hijos pequeños. De manera que mientras preparaba mi última charla, tomé una decisión. Si la conferencia iba a convertirse en mi gran momento, quería demostrarle de algún modo a todo el mundo lo mucho que la quiero y valoro.

Ocurrió así: hacia el final de la clase, mientras repasaba las lecciones que había aprendido en la vida, mencioné lo vital que es centrarse en otras personas y no solo en uno mismo. Miré al público y pregunté: «¿Algún ejemplo concreto de cómo centrarse en los demás? ¿Podríais compartirlo con todos?».

Como el día antes había sido el cumpleaños de Jai, encargué que tuvieran una gran tarta de cumpleaños dispuesta en una mesa con ruedas junto al escenario. Mientras Cleah Schlueter, amiga de mi mujer, acercaba la tarta, le expliqué a los asistentes que como no habíamos celebrado el cumpleaños de mi mujer como es debido se me había ocurrido que sería bonito que cuatrocientas personas le cantaran el «Cumpleaños feliz». Aplaudieron la idea y empezaron a cantar.

«Cumpleaños feliz. Cumpleaños feliz...»

Al caer en la cuenta de que tal vez muchos no supieran su nombre, añadí rápidamente: «Se llama Jai...».

«Te deseamos Jai...»

Fue maravilloso. Incluso la gente que seguía la conferencia por una pantalla de vídeo desde una sala adyacente se sumó a la canción.

Mientras todos cantábamos por fin me permití mirar a Jai. Estaba sentaba en primera fila, secándose las lágrimas con una sonrisa sorprendida en la cara y sencillamente deliciosa: se la veía tímida y bella, contenta y sobrecogida...

Jai y yo debatimos un sinfín de cosas mientras intentamos hacernos a la idea de lo que será su vida cuando yo ya no esté. «Afortunada» desde luego parece un adjetivo extraño para describir mi situación, pero una parte de mí se siente afortunado de que no me haya atropellado el consabido autobús. El cáncer me ha dejado tiempo para mantener esas conversaciones vitales con Jai que no habrían sido posibles si el destino me hubiera deparado un ataque al corazón o un accidente de tráfico.

¿De qué hablamos?

Para empezar, los dos intentamos recordar que algunos de los mejores consejos sobre cuidados que conocemos se los debemos a los auxiliares de vuelo: «Póngase la mascarilla de oxígeno antes de ayudar a los demás». Jai es tan generosa que a menudo se olvida de cuidarse ella. Cuando uno está agotado física o emocionalmente no puede ayudar a los demás y, menos que a nadie, a niños pequeños. Por tanto, no esconde la menor muestra de debilidad o egoísmo tomarse una parte del día para estar solo, para recargar las pilas. Según mi experiencia de padre, siempre me ha parecido más difícil recuperar las fuerzas con los niños delante. Jai sabe que tendrá que permitirse convertirse en prioridad.

También le he recordado que cometerá errores y que tiene que aceptarlo. Si yo viviese, nos equivocaríamos juntos. Los errores forman parte del proceso de criar a los hijos y no debería atribuirlos todos al hecho de que tendrá que hacerlo sola.

Algunos padres caen en la trampa de intentar compensar la situación dándoles cosas materiales a los niños. Jai lo sabe: ninguna posesión material compensará jamás la pérdida de un progenitor y de hecho puede perjudicar la formación de valores del niño.

Cabe la posibilidad de que Jai, como tantos padres, descubra que los mayores retos se presentan cuando los niños llegan a la adolescencia. A mí, que me he pasado la vida rodeado de estudiantes, me gustaría pensar que demostraría mi verdadera valía ejerciendo de padre de adolescentes. Sería duro, pero entendería su mentalidad. Así que lamento no poder ayudar a Jai cuando llegue el momento.

Aunque la buena noticia es que otros —amigos y familiares— también querrán echar una mano y Jai piensa aceptarla. Todos los niños necesitan un tejido de personas que los quieran, en especial, los que han perdido a uno de los padres. Me acuerdo de mis padres. Sabían que no podían ser las únicas influencias cruciales de mi vida. Por eso mi padre me apuntó al equipo de fútbol con Jim Graham. Jai buscará algún entrenador Graham para nuestros hijos.

En cuanto a la pregunta más obvia, bueno, he aquí mi respuesta:

Por encima de todo quiero que Jai sea feliz en los años que vendrán. De modo que si encuentra la felicidad volviéndose a casar, será estupendo. Si encuentra la felicidad sin volver a casarse, también será estupendo.

Jai y yo trabajamos en nuestro matrimonio. Hemos mejorado muchísimo la comunicación y el descubrir motivos para querernos. Así que nos entristece no tener la ocasión de disfrutar de un matrimonio tan rico durante treinta o cuarenta años más. No podremos amortizar todos los esfuerzos realizados hasta la fecha. Con todo, no cambiaríamos nuestros ocho años de matrimonio por nada.

Sé que hasta el momento he llevado bastante bien el diagnóstico. Igual que Jai. Como suele decir: «No hace falta que nadie llore por mí». Lo dice en serio. Pero queremos ser francos. Aunque la consejera nos ha ayudado muchísimo, hemos pasado momentos muy duros. Hemos llorado juntos en la cama, nos hemos dormido, nos hemos despertado y hemos vuelto a llorar. Hemos salido adelante en parte concentrándonos en las tareas más inmediatas. No podemos desmoronarnos. Tenemos que descansar por la noche porque por la mañana uno de los dos tendrá que levantarse para darles el desayuno a los niños. Y, para que conste, suele ser Jai.

Recientemente he cumplido cuarenta y siete años y Jai tuvo que plantearse la cuestión de qué le regalas al hombre que amas por su último cumpleaños. Optó por un reloj y un televisor de pantalla enorme. Aunque no soy muy aficionado a la televisión —la mayor pérdida de tiempo de la humanidad— el regalo fue de lo más apropiado porque hacia el final pasaré mucho tiempo en cama. La televisión será uno de mis últimos vínculos con el mundo exterior.

Hay días en que Jai me dice unas cosas ante las que poco puedo contestarle. Me ha dicho: «No me imagino darme la vuelta en la cama y no encontrarte». Y: «No me veo llevando a los niños de vacaciones sin ti». Y: «Tú siempre lo planificas todo, Randy. ¿Quién se encargará ahora de hacer los planes?».

No estoy preocupado. Jai se encargará perfectamente de planearlo todo.

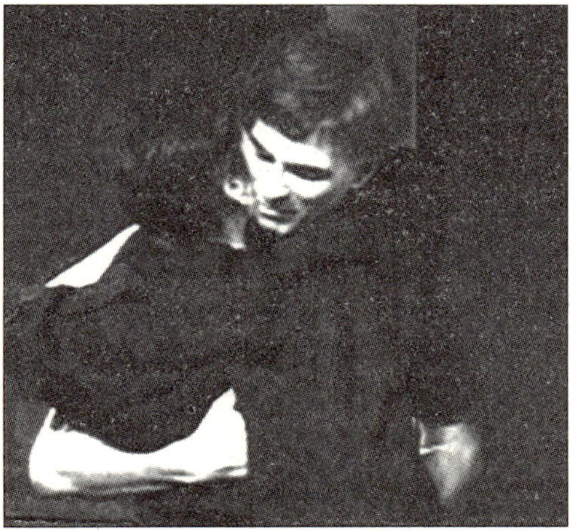

No tenía la menor idea de lo que haría ni de lo que diría cuando el público acabara de cantarle «Cumpleaños feliz» a Jai. Pero cuando la animé a subir al escenario y se me acercó, me dejé guiar por un impulso natural. Imagino que igual que ella. Nos abrazamos y nos besamos, primero en los labios y luego en la mejilla. La gente siguió aplaudiendo. Les oíamos, pero los sentíamos a kilómetros de distancia.

Mientras nos abrazábamos Jai me susurró algo al oído.

—No te mueras, por favor.

Parece un diálogo de Hollywood. Pero es lo que me dijo. Yo la abracé todavía más fuerte.

61

Los sueños vendrán a vosotros

Durante días me había preocupado ser incapaz de pronunciar las frases finales de mi última clase sin que me ahogara la emoción. Así que ideé un plan de emergencia. Incluí esas últimas frases de la charla en cuatro proyecciones. Si no lograba articular las palabras necesarias cuando tocaba, mi plan consistía en pasar las imágenes en silencio y añadir después un simple «Gracias por haber venido».

Llevaba en el escenario poco más de una hora. Pero debido a los efectos secundarios de la quimioterapia, al largo camino recorrido y las emociones implicadas, me sentía completamente agotado.

Al mismo tiempo, me sentía pleno y en paz. Mi vida había completado un círculo. Había elaborado por primera vez una lista de mis sueños de infancia cuando tenía ocho años. Ahora, pasados treinta y ocho años, esa misma lista me había ayudado a contar lo que necesitaba decir y a salir adelante.

Muchos pacientes de cáncer comentan que gracias a la enfermedad aprecian más la vida y la miran con otros ojos. Algunos incluso agradecen haber enfermado. Yo no siento semejante gratitud hacia el cáncer, aunque ciertamente agradezco haber sabido de antemano cuándo moriré. Aparte de permitirme preparar a la familia para el futuro, ese tiempo me dio la oportunidad de impartir mi última clase magistral en Carnegie Mellon. En cierto sentido, me ha permitido «abandonar el campo por mi propio pie».

Y mi lista de sueños infantiles no ha parado de servir a múltiples propósitos. Sin ella, quién sabe si habría sido capaz de dar las gracias a todas las personas que las merecían. En última instancia, esa pequeña lista me ha permitido despedirme de aquellos que han significado mucho para mí.

Todavía hay más. Como especialista en alta tecnología nunca había comprendido del todo a los artistas y actores que he conocido a lo largo de los años. A veces hablaban de cosas que tenían dentro y «necesitaban echar fuera». A mí me parecía mera autocompasión. Debería haber mostrado más empatía. La hora que pasé en el escenario me ha enseñado una cosa. (¡Al menos sigo aprendiendo!) Yo también tenía cosas dentro que necesitaban desesperadamente salir. No solo di la conferencia porque quisiera. La di porque tenía que darla.

También sabía por qué las frases finales me emocionarían tanto. Sencillamente porque el final de la charla tenía que sintetizar cómo me hace sentir el final de mi vida.

Mientras me relajaba, me había tomado unos minutos para repasar algunos puntos clave de la charla. Y luego sí hice un resumen, pero con un giro inesperado; un final sorpresa, si queréis llamarlo así.

—Así que la charla de hoy ha girado en torno a alcanzar los sueños de infancia. Pero ¿habéis descubierto cuál era el regate?

Dejé una pausa. En la sala reinaba el silencio.

—No se trata de cómo alcanzar los sueños, sino de cómo encauzar la vida. Si encauzáis la vida por el camino correcto, el karma se cuida solo. Los sueños vendrán a vosotros.

Pasé a la siguiente proyección y una pregunta llenó la enorme pantalla: «¿Habéis descubierto el segundo regate?».

Cogí aire. Decidí hablar ligeramente más rápido que antes. Tal vez si hablaba más deprisa, pensé, aguantaría hasta el final. Repetí las palabras de la pantalla.

—¿Habéis descubierto el segundo regate?

Entonces se lo dije: la charla no era para los que llenaban la sala. Era para mis hijos.

Salté a la última proyección, una fotografía en la que aparezco de pie junto a unos columpios sosteniendo en el brazo derecho a un sonriente Logan y a la dulce Chloe en el izquierdo, con Dylan felizmente aposentado sobre mis hombros.

Agradecimientos

Muchas gracias a Bob Miller, David Black y Gary Morris. Quisiera dar las gracias en especial a nuestro editor, Will Balliet, por su gran amabilidad e integridad, y a Jeffrey Zaslow, por su talento y profesionalidad increíbles.

En esta página no caben todas las personas a las que debería dar las gracias. Por fortuna, las páginas web no tienen fin: por favor, visitad www.thelastlecture.com y encontraréis una lista completa de agradecimientos y atribuciones. Desde allí también podréis ver el vídeo de mi «última lección».

Habré perdido la vida a causa del cáncer de páncreas. He trabajado con dos organizaciones que se dedican a luchar contra esa enfermedad:

The Pancreatic Cancer Action Network
www.pancan.org

The Lustgarten Foundation
www.lustgarten.org

www.cadenadeoptimismo.org

No dejes que esta experiencia termine:
súmate a la oleada de optimismo que está inundando internet.
Un vendaval de mensajes positivos que hará historia.

La
ÚLTIMA LECCIÓN

UN LIBRO QUE TE CAMBIARÁ LA VIDA